U0053288

8個
你不可不知的多元文化議題

劉阿榮 **主編**

林志興　洪泉湖　李淑菁　吳秀玲
王俐容　李世暉　利亮時　闕河嘉　編著

Multicultural
Issues

三民書局

國家圖書館出版品預行編目資料

8個你不可不知的多元文化議題 / 劉阿榮主編; 林
志興,洪泉湖,李淑菁,吳秀玲,王俐容,李世暉,利
亮時,闕河嘉編著.－－初版一刷.－－臺北市: 三
民, 2019
　　　面;　　公分

ISBN 978-957-14-6519-7　(平裝)
1.多元文化

541.2　　　　　　　　　　　　　　　　107019891

© 　8個你不可不知的多元文化議題

主　　　編	劉阿榮			
著 作 人	林志興	洪泉湖	李淑菁	吳秀玲
	王俐容	李世暉	利亮時	闕河嘉
責任編輯	周明怡			
美術設計	吳柔語			
發 行 人	劉振強			
著作財產權人	三民書局股份有限公司			
發 行 所	三民書局股份有限公司			
	地址　臺北市復興北路386號			
	電話　(02)25006600			
	郵撥帳號　0009998-5			
門 市 部	(復北店)臺北市復興北路386號			
	(重南店)臺北市重慶南路一段61號			
出版日期	初版一刷　2019年1月			
編　　　號	S 190660			

行政院新聞局登記證局版臺業字第〇二〇〇號

有著作權・不准侵害

ISBN　978-957-14-6519-7　（平裝）

http://www.sanmin.com.tw　三民網路書店
※本書如有缺頁、破損或裝訂錯誤,請寄回本公司更換。

序文

　　族群議題在近代普遍受到各國重視，其原因甚多。首先，「群體權利」是繼第一代人權（公民政治權利）與第二代人權（社會經濟文化權）之後，成為第三代人權的重要內涵，也有人將族群權視為「新興人權」之一。其次，族群關係影響一國政治社會和諧進步或衝突對立。最後，跨境族群有時還會演變到國際關係的緊張。

　　有關族群關係的理論或政策，最主要包括強調同化融合論、自決獨立論、多元文化主義等，各有其時代背景、立論基礎與實踐經驗，亦各自存在若干基本困難。同化論和自決論，常被許多國家引為民族國家建立之初的依據，但隨著社會發展，採行多元文化主義的趨勢相當明顯。

　　臺灣是個典型的移民社會，除原住民族之外，其他如閩南、客家、外省、新移民各族群都是由境外移入，只是在歷史時間上有先來後到之分；地理空間則來自中國大陸各省或海外其他國家。不同時期的統治者，曾推動「同化政策」，例如，日本統治時期的「皇民化」政策、1949 年中央政府遷臺初期的「中國（中華）化」。而 1990 年代以來的「本土化」政策，則有獨立（獨立於中國之外）自決（臺灣人民自己決定）的傾向。不論同化或自決的主張，社會上都有許多不同的意見，而 1970 年代以降，國外逐漸盛行的多元文化主義，隨著臺灣「解嚴」及「終止動員戡亂」，逐漸進入「威權轉型」民主化歷程，臺灣邁向開放多元社會，則多元文化主義逐漸成為主流。

　　所謂多元文化主義和文化多元主義，字面上很相似，但兩

者有不同的意義及內涵。文化多元主義是一種現象描述，一種國際情勢，意即各族群、各國家擁有其歷史文化傳統，承認世界各國的文化多元並存。而多元文化主義則是一種政治理論，一種意識型態，它不僅指出不同族群、不同文化的共存，而且還要求國家肯認其不同族群之社會文化差異，並以法律和政策保障各族平等對待，甚至給予少數族群、弱勢者的代表權和特殊優惠。

　　本書以「多元文化」為題，一方面體現了「文化多元主義」之要義，介紹世界各個國家或地區的文化，例如歐美、東北亞、東南亞、紐澳、中國大陸及臺灣的文化要義；另一方面，亦闡發「多元文化主義」的意涵，例如臺灣致力於原住民族、閩南、客家、外省、新移民等族群的尊重包容和多元並存。為了精確詮釋上述相關議題，提升本書的價值，特別邀請各領域的專業權威學者執筆，透過各篇的論述，將可提供讀者廣大的視域理解，進而增進尊重包容的精神。

　　本書付梓之際，要特別感謝作者們的付出、出版社工作人員的辛勞，敬請學術先進、讀者朋友們指正，以匡不逮。

劉阿榮　謹誌

8 個你不可不知的
多元文化議題

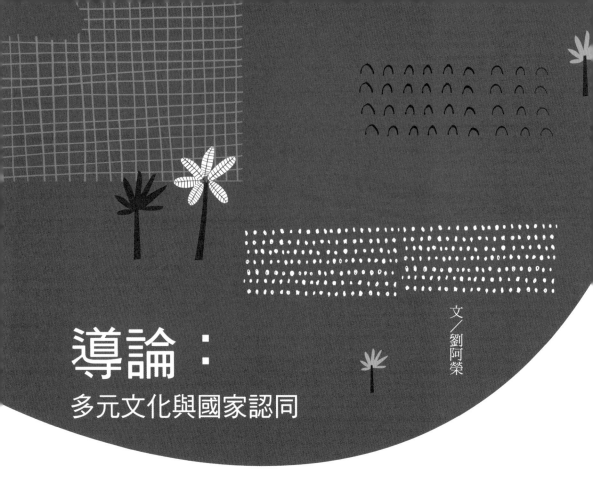

導論：
多元文化與國家認同

文／劉阿榮

引　言

　　文化 (culture) 一詞在中文的意涵是「人文教化」的簡稱，《易經·賁卦》提到「觀乎天文，以察時變；觀乎人文，以化成天下」，就是從自然現象中探索、觀察其變化，尋求因應之道；從人文與社會現象中，啟迪教化。而西方 "culture" 的原意與農業耕耘、適應自然，使生物成長有關；轉化為人類「靈魂的培養」。以當代意義詮釋，文化是人群共同的精神與物質積累，孕育且制約各個族群與國家的生存發展。

　　古人觀察到：早期人類無猛獸之力、爪牙之利、飛騰之翼，卻能在險惡的環境中，克服困難、維持生存，主要是人類一方面擁有較高

的智能，利用器械以增強力量，積累文化而發展傳衍；另一方面，又能形成群體，團結合作，抗拒外力，開發自然、適應自然，因此人類文明發展較其他物種更佳。

然而，人類也因不同的歷史條件、生存環境、思想觀念，而呈現差異。所謂「物以類聚，人以群分」，《聖經》(Bible) 上更有「巴別塔」(Babel) 的故事，敘說上帝使人類語言多樣性的旨意。隨著社會政治制度的建立與發展，在不同的歷史時間、地理空間，逐漸出現不同的族群、民族、國家。尤其當代民主社

圖 1　16 世紀的畫家布勒哲爾 (Pieter Bruegel de Oude) 所繪的巴別塔。

會呈現不同的價值選擇，多元的生活方式乃極為平常的現象。

邦國存在的目的，對內在於滿足人民的自由、安全、富足、公義與福祉；對外則追求民族獨立、國家尊嚴與世界和平。上述諸多目的，有相輔相成，亦有衝突矛盾之處。因此，現代國家常會採取不同的政策，以實現其國家目的。例如，在族群關係與文化政策方面，或主張融合同化；或強調自決分離；近代盛行多元文化主義，這些相關的理論或政策為大家所熟知，而不同的理論政策，將直接或間接影響到族群關係乃至國家認同。

由同化論到多元文化主義

孫中山在清末革命提出「驅除韃虜」，以推翻滿清統治；但 1912 年中華民國成立之後，他主張族群「平等同化融合論」，希望漢族和其他各族「相見以誠，合為一爐而冶之」，對於中國境內少數族群，

也主張有「自決自治」的權利。

其後，政府在大陸時期或遷來臺灣初期，仍以融合同化為基調，固然有其歷史背景和因素，例如，要清除日本統治下的「皇民化同化政策」，改以「中華文化」（中原文化）為主軸的「教化式同化」，這些方式有點像美國「熔爐式同化」

圖 2　大熔爐一詞最早是由贊格威爾 (Israel Zangwill) 於戲劇《熔爐》中提出。

政策，甚至 1950 年代芝加哥學派的社會學家帕克 (Robert E. Park) 也提出同化整合的觀點，至 1970 年代才式微，代之而起的是多元文化主義 (multiculturalism)。

同化融合政策有其時代背景，也有實際政治社會的需要，但也會產生若干後遺症，例如，掌握權力或利益的強勢族群，常會將其主觀的價值理想，加諸於其他族群，強迫接受；而且弱勢族群的語言文化保存、生存競爭與資源競逐，都容易遭致剝奪，不僅有存亡的恐懼，也會因抗拒不平等、片面的強制同化，而導致社會紛爭。

因此晚近各國大都採行多元文化主義，我國當前族群關係亦採取此種模式，例如，《憲法增修條文》第 10 條明定：「國家肯定多元文化，並積極維護發展原住民族語言及文化。」事實上，對其他族群文化也同樣適用。

一般而言，多元文化主義和文化多元主義 (cultural pluralism) 字面上很相似，但兩者有不同的意義及內涵，文化多元主義並不等同於多元文化主義。文化多元主義是一種現象描述，一種國際情勢，意即各族群、各國家擁有其歷史文化傳統，世界各國的文化多元並存。而多元文化主義則是一種政治理論，一種意識型態，它不僅指出不同族群、不同文化的共存，且要求國家承認不同族群文化的差異，並以法律和政策保障平等對待，甚至給予少數族群、弱勢者特殊優惠。以下針對兩種概念的意涵，分別加以敘述。

多元文化主義的意涵

多元文化主義為當代政治哲學或族群理論中，極受重視的觀點，這個詞最早在 1957 年用來描述瑞士的政策，在 1960 年代末期被加拿大接納，並且擴散到其他歐洲、美國、澳洲及紐西蘭等不同國家。1970 年代以降，多元文化主義及政策，逐

漸被歐美的政府採納。但其原因各國不盡相同，例如，有些國家是希望藉以消除或削弱國內的族群衝突；有些移民為主的國家，採行多元文化政策是希望吸納更多的移民，以增加勞動力和人才移入。

以美國為例，除了原來居住於北美大地的印地安人和原住民族，主要是一個移民社會。美國歷史學者認為，美國的移民社會最特殊之處，在於從 18 世紀早期迄今，持續不斷地多樣化發展，但美國以大熔爐的方式，將其融合為一個國家。

雖然如此，美國的有色人種（尤其非洲裔）仍受歧視待遇，因此經由非裔美國人的民權運動，於 1964 至 1968 年通過聯邦法律保障非裔美國人和其他少數族群平等的政治和公民權利；1965 年《移民與國籍法》(*Immigration and Nationality Act*) 修正，改善了對有色人種的歧視性移民政策；其他一連串的政治社會運動，刺激弱勢族群（包含種族、性別等）進一步去思考，如何爭取自己群體的權利，保障其文化存在的空間與價值。這些都鼓舞了多元文化主義的思潮，主張揚棄傳統的「熔爐式同化」政策，改採維護各族群、各文化的主體性，並尊重其獨特性。

多元文化主義一方面要解構強勢主體的霸權支配，要求對傳統思想、歷史、文學，乃至政治領域的各種「正統說法」（主流論述）進行解構，進而廣納各種「非主流論述」並存。另一方面，要求政治與經濟的肯認與合理分配，亦即要求政府部門和社會機構，對不同社會文化群體予以「肯定和承認」（肯認），要求平等或公平對待。

因此，探索多元文化主義的理論基礎，大致可以歸納為兩個方面：(1) 後現代、後結構思潮下的解構主義；(2) 哈伯瑪斯 (Jürgen Habermas) 的憲政民主與泰勒 (Charles Taylor) 的肯認政治 (politics of recognition)。

先就「後現代」的「解構主義」

8 個你不可不知的多元文化議題

說明之。如果「現代主義」強調的是主體性、中心性、一致與整合，反映在國家與族群上就是「融合同化論」。那後現代標榜的就是去中心化、去主體化、差異與分延、解構，反映在族群與文化上，即在於消解「主體民族」、「主流論述」的神話，而呈現百家爭鳴、多元並存的政治社會。簡言之，後現代、解構主義正是對主流霸權和正統理論進行挑戰，並且鋪陳了多元社會的文化形構與場域。

再就德國思想家哈伯瑪斯的憲政民主闡述之。哈伯瑪斯先從抽象的社會「異化」思考，認為現代社會普遍存在著異化危機，但他反對悲觀主義，堅信異化的解放、人性的救贖，是永不放棄的使命和希望。現代社會可貴之處，就是在產生病態的過程中，能展現其反省、進步的潛力。因此要經由溝通行動與理性討論 (discourse) 來形成「共識」。

他觀察現代社會的紛爭，除了缺乏共識之外，也未能真正實現公平的法律保障，只有當社會上各群體（尤其弱勢者）獲得參與公共議題的討論，並充分闡述自己的意見時，他們才可以說享受了憲政民主所賦予他們的公民平等權利。

加拿大學者泰勒提出肯認政治，強調人的自我認識，和社會身分與社會給予的政治承認有直接關係，「不承認或錯認會造成傷害，甚至成為一種壓迫，使人陷於虛假、貶低的生活困境」。若以泰勒的「肯認政治」理論來分析美國社會，可以發現美國主流社會沒有給予婦女和少數族群政治上的承認（肯認），導致其無法享受平等權利而陷於困境。當然，其他國家與社會亦復如此，甚至更為不堪。

因此，多元文化主義者提出「差異」(difference) 的概念，少數族群和多數族群的情境條件有所差異，不能一體化強制適用，並且為了解決族群的差異和不平等，必

須實現「差異政治」(the politics of difference) 的理想；並且透過公領域的肯認，保障不同族群文化的權利與尊嚴。

總之，多元文化主義的精義在於理解各群體的差異，加以肯認並尊重不同社會身分與主體位置。藉由多元政治與社會的權力運作關係，以行動改變既存強勢對弱勢的壓迫和剝削，以期各族群文化能真正共存共榮。

一般而言，實施多元文化主義或政策的方式甚多，各國推動的情形亦有差異，但主要內容大致包括：

1. 尊重各族群的歷史文化傳統。
2. 保護少數族群的語言、文化，並加以復振。
3. 支持少數族群的紀念節日和節慶活動。
4. 支持使用少數族群語言的媒體，如報紙、廣播和電視。
5. 在學校、軍隊和其他團體中，容許族群傳統和宗教服飾出現。
6. 支持世界各國的文化和藝術活動，在不同國家或場域展現。
7. 容許雙重國籍的存在。
8. 鼓勵少數族群在政治、教育和其他社會活動中，有自己的代表。
9. 給予少數族群必要的特殊優惠。

多元文化主義政策雖然有助於各族群文化的並存共榮，但亦存在若干爭議性。例如，有人批評多元文化政策阻礙或延緩了社會整合及文化融合，從而使某些少數族群被隔絕於主流大眾之外。另外，也有人認為多元文化主義是對於人性過於簡單和樂觀的「烏托邦意識型態」，多元文化主義只能在現代社會（尤其西方社會）的都市裡存在，在其他地方則不易生存。

更嚴苛的批評是，多元文化主義走到極端，將使落後、野蠻和反文明的價值觀，與民主、自由、平等、寬容的價值觀，相提並論、等量齊觀。而多元文化主義有時因特惠政策造成不同族群或團體之間，

權力和資源分配的不均，甚至產生更多分歧矛盾。有些人士批評西方國家多年來奉行的多元文化價值觀，縱容了伊斯蘭恐怖主義的泛濫，造成 2015 年以來，法國、德國發生的恐怖攻擊，也許是包容少數族群的後遺症之一。

文化多元主義的要義

文化多元主義的興起背景，主要是針對「西方中心主義」、「歐美文化霸權主義」的反思批判。事實上，數千年來世界各族群文化都有其輝煌興盛的時代，例如，兩河流域文化、埃及文化、中華文化、希臘羅馬文化、印度文化、馬雅文化等，都是人類珍貴的遺產，豈能獨尊西方（尤其歐美）文化？

近數百年來所謂歐洲中心主義，乃是歐洲列強在美洲、非洲和亞洲

圖 3　金字塔為古埃及文化的代表。圖為埃及開羅郊區的吉薩金字塔群。

的大部分地區，建立起經濟、政治、軍事和文化的霸權 (hegemony)。批判歐洲中心主義者的論點是，現代殖民主義與古代世界帝國的侵略征伐有顯著的區別，它的全球規模擴張，使全世界都臣服於一個「普遍」的真理，一種高尚的西方文化（意味著「非西方文化」不高尚），迫使其他異質文化都納入一個以「西方文化」為標準的「普遍」規範模式。

簡言之，歐洲中心主義是一種宰制全球的種族中心主義。相反地，文化多元主義的目標或任務，就是主張「全球文化的去殖民化」，不承認獨尊西方文化的優越性，要求各個文化平等多元地存在與發展。

文化多元主義的要義，除了在全球範圍內承認各族群、各國家的文化平等並存，也強調一個國家或一個族群在其社會發展過程中，要繼承本國或本族群的優秀文化傳統，

圖 4　除了歐洲外，美國也是強勢文化的代表。例如，「可口可樂殖民化」(Cocacolonization) 此字最初是指美國飲料入侵各國，使得沒有國際品牌庇護的本地領導品牌淪為二流飲料，更深一層的意涵則被視為一種美國文化在世界各地的殖民現象。

也積極吸收其他國家或族群的優秀文化，即所謂「發揚吾固有之文化，且吸收世界文化而光大之，與期與諸民族並駕齊驅」，呈現兼容並蓄的文化。

隨著經濟全球化的發展，世界文化多元化已成為歷史趨勢，而資訊網路時代所帶來的影響，一方面使各國人民交往互動密切，各種文化彼此激盪涵化；另一方面也激發對本國文化的認同感。因為全球化 (globalization) 的興起、擴張，促使文化趨同性之際，也激發對抗全球化的「在地化」(localization) 特色，甚至合併為「全球在地化」(glocalization)。例如，興起於美國而流行於全球的「麥當勞」文化，改變了在地飲食文化的特色；然而，在地文化的特色（如臺灣的珍珠奶茶），也隨著全球化傳播擴散於世界各地。因此全球化氛圍下的在地化，不但沒有趨同於全球化，反而更加凸顯「在地」的主體性，此現象也可視為文化多元主義的一種樣態。

研究全球化民族主義頗為著名的英國學者史密斯 (Anthony D. Smith) 認為，全球文化多元化和政治多元化，使民族國家的概念和形式，得到重新的定義和鞏固。在歐洲，政治多元主義已被文化多元主義所改變、加強和複雜化，這種文化多元主義來自各族群獨特的傳統、神話和記憶，他們擁有自己的歷史地域，有時為了迎合該族群某種「統治菁英」或「主流」的文化傳統，而加強民族國家的宣揚及控制，使大多數成員感到歸屬於此。這些現象表示，族群文化認同與國家認同的議題廣受重視。

族群文化認同與國家認同：臺灣的迷惑

多元文化主義和文化多元主義都強調肯認尊重各族群文化的並存共榮。其正向價值是平等、多元、

尊重、包容；但負面意涵是分歧、緊張、矛盾、衝突，甚至產生認同的混亂與迷失。

有學者認為，臺灣的多元文化主義是一種「散漫論述形構」的過程，透過早期的「多元化」論述、「母語與鄉土教育運動」、「社區總體營造」、「原住民族運動」、「教育改革」，以及臺灣共和國的「立憲運動」等多方面論述，表現出一種「散漫」的相互搭架，參考北美與澳洲的族群與政治經驗，建構一個反對威權的「政治正確」多元文化意識。

此系統又與另一場域的女性主義論述分進合擊，一起形構散漫的論述，最後形成以「四大族群」為主，「兩性平等關係」為輔，摻雜「鄉土文化」、「母語」懷舊的多元文化內涵。

圖5　臺灣社會逐漸重視多元文化，教育部已開始推動母語教學，提升學童的母語能力。

面對多元複雜的論述與運動，要處理國家認同與文化認同問題，或許借用華爾澤 (Michael Walzer) 所謂的「政治的多元主義」(pluralism in political perspective)，較能清晰詮釋。

這種多元文化的國家認同觀，基本上預設其所討論的政治社會乃是一個多元社會，在這個社會中，每個人既是國家這個政治社群的成員，也同時是各種次級社群的成員。因此，一個人的認同可區分為兩大方面，一是基於公民身分而對國家產生的政治認同，另一則是基於次級成員身分（如教會、宗親會、學校等）而對次級團體所產生的文化認同。

早期的多元主義思想家在處理政治認同與文化認同的關係時，傾向於貶低政治認同、抬高文化認同；但是華爾澤認為事實上兩種認同可以設法並存於國家層次。簡言之，一方面有一個共同的國家認同；另一方面又有自己的族群文化認同。

最嚴格而狹義的國家認同，指的是個人對於自身所處的國家，表現出一份歸屬感與愛國心。而廣義的國家認同，則包括國家之內的族群、文化、制度等，其內涵可包括三個主要層面：族群認同、文化認同與制度認同。

首先，族群認同是一個人基於客觀的血緣連帶或主觀認定的族裔身分，而對特定族群產生的一體感。其次，文化認同是由於分享共同的歷史傳統、習俗規範以及集體記憶所形成的心理歸屬。第三，制度認同則是建立於對特定的政治、經濟、社會制度的肯定所產生的公民認同。

從過往的實踐經驗顯示，臺灣各層面的認同差異甚大，在族群認同方面，相當清晰穩定，雖然經過融合同化，但閩南、客家、原住民族等各族群的認同大致明顯。制度認同方面，則大同小異，大家皆認同憲政民主體制，只是傾向內閣制、

總統制、混合制、五權制，互有爭議。至於文化認同方面，則分歧對立，衝突矛盾。例如，有的認同中華文化，而視臺灣文化為中華文化的一部分；有些則強調臺灣本土文化的主體性，排斥中華文化。至於最嚴格而狹義的國家認同，就涉及認同「中華民國」，甚至整個中國的統一（統派）；或者只認同「臺灣」（若有可能的話稱為「臺灣共和國」）不承認中華民國和中國，認為那是「外來政權」或外國（獨派），此一統獨紛爭，糾結又困擾著我們當前的國家認同，這是臺灣的困惑，也是國家的迷失。

結　語

嚴格來說，臺灣有原住民族的生存場域、漢人的移民社會，近數百年的歷史，經歷歐洲（西、葡、荷）殖民、清朝統治，又受日本五十年的殖民統治，再到中華民國政府遷臺後，國民黨與民進黨輪番執政，可謂族群多元、文化多元、認同多元。因此以多元文化主義或文化多元主義，來論述臺灣的政治社會，允稱適當。

最後，吾人以為：族群認同、文化認同可以「各取所需」、「各自表述」，呈現多元主義，但嚴格或狹義的「國家認同」，最好有明確的定位，以減少分歧、凝聚共識。然此「國家」應以何者為名？在多元分歧中，還是應當回歸「憲政民主」機制，依憲法而命名，當前仍當依《中華民國憲法》為基礎，建立「中華民國」的國家認同。至於未來如果因主、客觀環境變遷而修憲或制憲，則以其新名稱為國家認同，庶幾可乎？

參考資料

- 江宜樺 (2000)。《自由主義、民族主義與國家認同》。臺北：揚智。
- 張茂桂 (2002)。〈多元主義、多元文化論述在臺灣的形成與難題〉，收錄於薛天棟主編，《臺灣的未來》。臺北：華泰。
- 陳宗盈、連詠心譯，Peter Kivisto 著 (2007)。《多元文化主義與全球社會》。臺北：韋伯。
- 維基百科，多元文化主義條目。
- 劉阿榮 (2006)。《多元文化與族群關係》。臺北：揚智。
- 劉美慧 (2011)。〈多元文化教育研究的反思與前瞻〉，《人文與社會科學簡訊》，第 12 卷，第 4 期。

1

福爾摩沙的起源

臺灣原住民族

文／林志興

誰是原住民？

目前，臺灣在法律上承認的原住民族有十六族，（未包含正在爭取身分認同的平埔族系），而全世界估計約有五千個以上的原住民族。這些族群各自擁有自己獨特的語言與文化，那麼，是什麼讓他們擁有同樣的名稱——原住民族？

聯合國及其底下的組織，對原住民族一詞各有不同定義，顯見國際法對「原住民族」的定義尚未一致，但都共同提到：「原住民族指在被征服或殖民前，已在該土地上擁有悠久歷史，並發展出相異於他族的物質文化與非物質文化；在被統治後，依舊努力維護其與統治者相異的文化，並維持其身分認同，傳承給後代。」

臺灣歷史上對原住民族的描述，多以最早中文文獻記載的「番人」開始。這些紀錄中，將「原居於此地的人群」依據其居住區域，分為居於較低海拔的「平埔番」與居於較高海拔的「高山番」；亦依據其「歸順」或「漢化」的程度，分為「熟番」和「生番」。被稱之為「平埔番」的族群，在與漢族裔經歷了長期的接觸和衝突後，部分被迫就此失去其語言與文化，部分則退避移至他地，隱入「生番」的行列。

日本政府統治臺灣時期，將「番」字改為了「蕃」，語意上依舊含有野蠻、化外之民等輕蔑歧視之意，並因「熟蕃百年前即漢化」，在政策上將他們併入漢人之中，視為同樣的帝國臣民。

為了有效治理臺灣，日本政府開始對臺灣「蕃人」進行民族學、體質人類學、語言學與社會學等領域的調查研究，將「蕃」字改為「族」，並以「其所認為」的語言和文化特性，將「平埔族」分類為噶瑪蘭、凱達格蘭、道卡斯、巴宰❶、拍瀑拉、巴布薩、洪雅、西拉雅❷與馬卡道等；將「高山（砂）族」

分類為泰雅、賽夏、布農、鄒（曹）、魯凱、排灣、卑南、阿美、雅美（達悟）等，此即我們所熟知的「九族」概念的來源。

以往歷史課本論及清政府到日本政府統治時期有關臺灣原住民族的重點，不外乎「牡丹社事件」或「霧社事件」等抗日事件，前者被視為清政府將臺灣全面正式納入版圖的起因；後者則作為「抗日」象徵而給予了更多的筆墨描述。實際上，在清政府統治時期，阿美族就曾發生過反抗清廷勞役，導致被慘烈屠殺的「大港口事件」（又稱奇密社事件）❸；在日本政府統治時期，也相繼發生「李棟山事件」（泰雅族）、「太魯閣戰役」（太魯閣族）及「南蕃事件」❹，布農族更有抗戰長達十八年的「大分事件」❺。

國民政府來臺後，將「高山族」改為「山地同胞」，依據其居住之行政區域，再度區分為「平地山胞」和「山地山胞」。在一連串的國語運動、山地平地化等強制同化的政策中，原住民族的語言與文化大量流失。而「平埔族」自清政府的「熟番」至日本政府的「帝國臣民」，

註解

❶ 近來，有一群自稱「噶哈巫」（Kaxabu、Kahabu、Kahapu）者出現，自成一族群。過去他們一直被歸類在巴宰族之中。

❷ 有一支平埔族人稱「大武壠」(Taivoan)或「大滿」，常被視為西拉雅族的分支亞族，但學界不乏學者指其與西拉雅有別，而視之為獨立的族群。

❸ 發生於 1877 年，清軍自進入後山起，強徵當地阿美族青壯年從事開建道路、建造營房等工程，奴役原住民族人，破壞族人的生活秩序，侵略原住民族土地且進行屠殺，倖存族人因而四處逃逸造成族群分散。

❹ 發生於日本統治大正初年，起因於收繳原住民族賴以謀生的槍枝。反抗範圍大，廣及臺灣南部的布農、魯凱和排灣等族。

❺ 發生於 1915 年，布農族大分社頭目拉荷阿雷 (Dahu Ali) 和阿里曼西肯 (Aziman Siking) 兄弟，因對日本人理蕃和武器收繳的行動不滿，起而抗日。事件導致大分地區所有布農族住民遭強迫遷移。

圖 1–1　南投霧社事件紀念公園裡的原住民抗日群像。公園內也有霧社抗日紀念碑、領導者莫那魯道的雕像及其墓地。

在這段時期,則徹底被遺忘在歷史的角落,成為「非漢非原」的尷尬存在。

　　1980 年代臺灣解嚴前後,各類政治社會運動興起,臺灣原住民族運動也在這樣的刺激下孕育而生。在幾次大規模的運動後,1993(國際原住民年)後,政府接受「山胞」一詞正名為「原住民」,並於 1994 年 8 月 1 日在《憲法》層次確立「原

住民／原住民族」的名稱與內涵。2005年後，政府頒定8月1日為「原住民族日」。

原住民族有幾族？長久以來，教科書及臺灣一般大眾習用「九族」的概念，直到2001年原被歸類至「鄒族」的「邵族」正名，並得到合法承認後，十幾年間，被歸在「阿美族」的「噶瑪蘭族」與「撒奇萊雅族」、「泰雅族」下的「太魯閣族」與「賽德克族」，以及被視為「南鄒」的「拉阿魯哇族」與「卡那卡那富族」，紛紛展開正名並取得行政院承認。於是「九族」逐步增加為「十二族」、「十三族」、「十四族」，直至現今的「十六族」。有鑑於平埔族系新近展開的正名及恢復原住民族身分運動，未來中央政府承認的原住民族群數有可能繼續增加 ❻。

從被稱的「番／蕃」、「山地同胞」，到「原住民族」，從被歸類的九族，到如今的十六族，以及

「平埔原住民族」身分得以合法化，這個過程不僅只是稱謂上的改變，更是一系列跨族群、跨階級、跨城鄉等多重訴求的社會運動。而這種種社會運動所主張的「應有權利」又是什麼？

聯合國《原住民族權利宣言》提到：「原住民族在歷史上因殖民統治和自己土地、領土與資源被剝奪等原因，受到不公正的對待，致使他們無法按自己的需要和利益行使其發展權。」「亟需尊重和促進原住民族因其政治、經濟和社會結構及其文化、精神傳統、歷史和思想體系而擁有的固有權利，特別是對其土地、領土和資源的權利。」可作為註腳與認識的開始。

註解 ❻ 2017年，行政院會通過《原住民身分法》修正草案，在「平地原住民」與「山地原住民」類別外，新增了「平埔原住民族」，在法律上承認了平埔族作為臺灣原住民族的身分。平埔族群歷經了二十幾年的爭取後，讓長久以來在「漢族裔」與「臺灣原住民族」之間，不斷被邊緣化的平埔族群，終得正名。

臺灣島的人類歷史

▌臺灣島的祖先 ❼

　　臺灣這塊島嶼上有紀錄的遺址，有兩千處以上。在空間上，分布範圍遍及本島與附屬島嶼，而居地高度由海岸平原至海拔近三千公尺左右，皆有史前人類活動的痕跡。在時間上，根據現有考古遺址資料顯示，臺灣至少自三萬年前即有人類居住（東部的長濱文化及西部的網形文化）。從出土證據測定的時間來看，這批舊石器文化時代的主人，應該是藉助更新世最後一次冰河時期（約十萬年前到一萬年前）海水面下降造成陸地相連的時候進入臺灣，他們持續生活到冰期結束，海峽浮現形成臺灣島後（約距今六、七千年前）。近幾年，日本考古學界更有學者推論，沖繩群島上的舊石器時代人類，有可能是由臺灣橫渡黑潮遷徙而至。

　　氣候暖化後，人類在世界上幾個地區發展出新型態的初級農業生活，考古學家稱之為新石器時代。臺灣在六千五百年前左右，也開始出現從事農業，使用陶器與磨製石器的新石器時代人群，被稱為「大坌坑文化人」。自此之後，直至兩千年前，臺灣各地漸次湧現了諸多新石器時代文化群，如訊塘埔文化、牛罵頭文化、牛稠子文化、東部繩紋陶文化、植物園文化、芝山岩文化、營埔文化、大湖文化、卑南文化、圓山文化、麒麟文化。這個時期，農業已開始多樣化，並有多種農具出現，平原地區聚落有大型化的趨勢，也留下諸如階級、宗教、藝術等文化現象，聚落間亦逐漸形成區域性貿易網絡。

　　新石器時代中後期，土地利用的範圍擴張到臺地與山坡地，貿易與交換的網絡幾乎遍及全臺灣，甚至走出臺灣島外。例如，分別位於臺灣東、北、南部的臺東卑南遺址、

宜蘭丸山遺址、臺北芝山岩遺址、屏東 Chula 遺址，皆曾出現了造型相似、製作方式相同的人獸形玉玦。而呂宋、婆羅州及越南等東南亞地區更發現出產於臺灣的玉石器；相對地，臺灣亦發現島外影響的要素。此一時期，更是出現了獵頭等小型戰爭行為。

　　當時的人類因擴張生活領域，進入了不同的生態區位，加上臺灣複雜多變的地形阻隔等因素，使每一區塊的人群，逐漸發展出獨特的地區性文化。這些史前文化出土的器物與遺址，與現今的原住民族群文化習慣多有關聯，有學者推測兩者之間應有傳承關係。在部分原住民族的口述歷史中，亦有許多與這些史前遺址相關的傳說與記憶。因此，臺灣新石器時代的文化，或許可視為現今臺灣原住民族多元文化形貌的雛形。著名考古學家張光直更視「大坌坑文化」與古南島文化的源起有緊密關連。

圖 1-2　位於臺東縣長濱鄉的八仙洞遺址，是舊石器時代長濱文化的代表。

圖 1-3　臺東縣的卑南遺址是新石器時代文化的代表，已被列為國定古蹟，目前該地設有卑南遺址公園。

註
解
❼ 史前文化描述主要參考國立臺灣史前文化博物館及相關研究機構公開資訊及出版品撰述。

同時，在語言學的研究中顯示，臺灣原住民族使用的語言屬於南島語系。南島語系包含了一千多種語言，地理分布範圍涵蓋了太平洋和印度洋（占全世界約三分之一以上的廣大水域），在語言上呈現系統性的演化關係，在文化上亦有許多共同特質。因此，有部分語言學家、考古學家和遺傳學家研究推測，臺灣極有可能是「南島語族」語言和文化的源頭。

或許，我們可以想像，當時使用古老南島語言的祖先們，來到了臺灣這塊島嶼，一段時間後，有的人留下，有的人離去。離去的人，飄洋過海，在太平洋、印度洋上尋找到他們的定居之地。留下的人，則以幾千年的時間，在這塊島嶼上行採集、狩獵、漁撈及農耕等自給自足式的生活，緩緩地形塑成不同的語言和文化習慣，更建立起星羅棋布般獨立且不相隸屬的部落社會。

考古學研究指出，約兩千年前後，透過海上貿易，製作鐵器的技術進入了臺灣，物質現象有大的改變，但是，經濟生活方式與聚落政治型態變化不大。從考古及口傳資料來看，聚落與不同文化的人群之間，即存在以物易物的貿易交流，也存在利益相爭的衝突戰鬥。直到地理大發現，西方人來到東方之後，槍聲響起，政治、經濟、社會與文化及生態環境各方面就產生了很大的變化與挑戰。

外來政權的侵入

作為當時歐洲強權之一的荷蘭，為建立能與明朝、日本貿易的據點，占領臺灣，並招引大量漢人移民至臺灣，填補開墾土地與經濟發展所需的勞動力；另以熱武器 ❽ 的提供，透過多個部落的合縱連橫，壓迫與

註 ❽ 指需要火藥的武器，例如槍、砲。不
解　需火藥的武器則為冷武器，例如刀、
　　劍。

圖 1-4　屹立於淡水三百餘年的紅毛城，目前列為國家一級古蹟。紅毛城原為 1629 年由西班牙人所建，荷蘭人驅逐西人後重建該城。當時荷蘭人被稱為「紅毛」，因此該城也被稱為「紅毛城」。

牽制部分原住民族。原住民族為抵禦外力入侵，相對促生了史料記錄與口碑傳說似有還無的跨部落政治組織，如「大肚王國」及「大龜文王國」等。但面對絕對優勢的武力，部分抵抗不過的原住民族部落，在經濟、政治上，徹底失去了自主權利。而荷蘭人與漢人雙方則在臺灣島上，形成了獨特的「共構殖民」(co-colonization)❾狀態。

之後，鄭成功進攻臺灣擊退荷蘭人，為擴張領土，繼續以武力侵略其他原住民族部落。在《臺灣通史‧卷十五‧撫墾志》中即提到，鄭氏部隊先後於沙轆社屠殺了數百名原住民族人，全社只剩六人倖免於難。而荷蘭人役使原住民族的制度❿，亦被鄭氏王朝與後來的清朝承襲，許多商人透過對原住民族村社交易權的獨占，以不平等的貿易關係剝削當時的原住民族，從中取得巨大利潤。

從荷蘭、鄭氏王朝到清朝統治

圖 1-5　荷蘭人所繪的原住民族長老與常民。

三個時期，因地理位置難及或政治外交關係，部分原住民族部落尚保有其政治與經濟上的自主性。然而，到了日本政府統治時期，為開發臺灣資源而採取強勢的武力征伐與統治企圖心，全臺灣的原住民族部落

皆一一淪陷。日本政府為利用土地，實施強制驅離之外，並訂定《官有林野及樟腦製造業取締規則》，要求非文字社會的原住民族，提出「證明文件」以及「向政府登記」其傳統土地，凡不能證明及未登記者，全數掠奪劃歸為「國家」所有、控制與利用。

為了有效控制原住民族，更對多個部落進行「集體移住政策」⑪，強迫原住民族人離開熟悉的家園，前往陌生的新環境中求生。戰後，國民政府來臺，一併接收了這些移轉為「臺糖地」、「公有地」的原住民族傳統土地，不明前述歷史緣由造成原住民族土地大量流失。而近幾年因產業競爭力下降，甚至開始拋售或處理前述土地時，土地原本的主人——臺灣原住民族，全然不在政府考量的範疇中。

在各種政權的壓迫與剝削下，壓縮了臺灣原住民的生活空間，原住民族甚至失去了賴以生存千百年之久的土地，成為在自己的土地上流浪的民族。而國家強制同化政策與教育力量也造成原住民族被迫放棄自身的語言、文化、信仰，去學習他族文化，臺灣原住民族的遭遇，明顯違反了聯合國《原住民族權利宣言》特別於第 8 條提到：「原住民族和個人享有不被強行同化或其文化被毀滅的權利」、第 10 條：「不得強迫原住民族遷離其土地或領土。如果未事先獲得有關原住民族的自由知情同意及商定公正和公平的賠償，並在可能時提供返回的選擇，則不得進行遷離」的精神並造成了傷害。

原住民族遭遇的歷史不正義情

註解 ❾ 指荷蘭與中國漢人彼此利益相依，共同殖民臺灣。

❿ 原住民族服從荷蘭人成為封臣後，荷蘭人常賦予原住民族隨軍征伐、傳遞公文等雜役。

⑪ 指將山上的原住民族部落遷移至山腳，將其重新編組成農耕部落。

圖 1-6　原民團體不滿原民會公告的《原住民族土地或部落範圍土地劃設辦法》，至凱道露宿抗議。

況，促成了 1980 年代以後興起的臺灣原住民族運動，力圖爭回失去的權利，追求文化復振，主張建立自決與自治體制，維護社群的存續，以求發展符合各族群需求的教育文化、社會福利、經濟活動、土地及資源管理等事宜。滄桑的歷史處境正是促成蔡英文總統於 2016 年 8 月 1 日代表政府向原住民族道歉，並尋求解決問題與達成社會和解的原因。

雖然，在全體社會一起努力下，臺灣原住民族相關法制建設有所進步，立法院於 2005 年 1 月通過了《原住民族基本法》，以法律確認原住民享有之諸多權益。惟不少權利空有其名，未見落實。例如該法第 4 條明定：「政府應依原住民族意願，保障原住民族之平等地位及自主發展，實行原住民族自治；其相關事項，另以法律定之」，但迄今為止，配套法制工程始終未見落實。

豐富多元的原住民族文化

臺灣原住民族因為歷史發展緣故，因著學者依語言、文化、信仰、社會制度等差異進行「分類」或原住民族群「自我爭取」的結果，目前中央政府承認的原住民族有十六族，人口數總計約有五十六萬。

另有地方政府承認之族群西拉雅族（臺南市政府，約有一萬二千人）、馬卡道族（屏東縣政府，約一千八百人）及大武壠族（富里鄉公所）⓬。整體人口數占臺灣極少數

註⓬ 以上有關平埔族資料得自維基百科，
解　進一步詳細資訊可上網查詢。

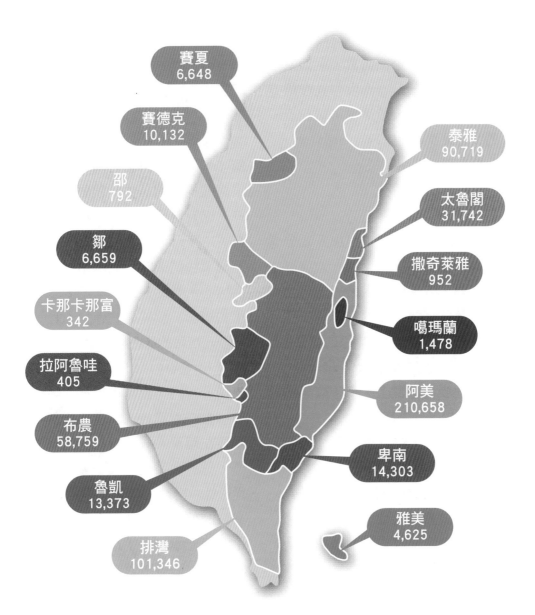

賽夏
6,648

賽德克
10,132

邵
792

鄒
6,659

卡那卡那富
342

拉阿魯哇
405

布農
58,759

魯凱
13,373

排灣
101,346

泰雅
90,719

太魯閣
31,742

撒奇萊雅
952

噶瑪蘭
1,478

阿美
210,658

卑南
14,303

雅美
4,625

圖 1-7　臺灣原住民族分布圖及各族人數（原住民族人口數統計資料，2018 年 10 月）。

的人口比率，但是在語言、生活文化、信仰祭儀、工藝表現和社會構築風貌等面向上，卻呈現了繽紛五彩的多元景像，此處只能簡略介紹，有興趣者可個別深入探索。

語言系統

臺灣原住民族語言呈現多元分化現象，中央政府認定的十六族群語言各異，各族群之內又有方言之別，總計共有四十七種方言別。然而，上述並未包括平埔族系的語言，若包含則至少還有近三十種語言，由於平埔族系語言多失傳，故無法得其內部語言差異情況。

由此可見，雖然臺灣原住民族人口數僅占全臺灣人口數百分之二，但在語言和語彙的呈現上，其多元性卻遠勝於臺灣其他族群。這也是為什麼有語言學家會推論臺灣是南島語族的起源地。因為在語言學中有一種理論認為，語言越分歧的地區，分化的時代越早，也越接近原始的起源地。

繼嗣制度

臺灣原住民族的社會構成方式，例如，男女如何結合的婚禮習俗、家庭的構成與居住、親屬關係的計算，以及財產名號與權利的繼承等方式，多元而複雜，很難簡約敘述，不過，我們或許可以經由繼嗣制度為核心，藉助母系、父系或長嗣的化約概念，敘述繼嗣運作原則，掌握多元複雜的社會樣   。

十六族中以母系繼嗣為原則的族群，有阿美族、卑南族、噶瑪蘭族、撒奇萊雅族。在這些族群中，女性在親屬系統中有相對優勢的地位，男子多婚入至女子家族，子女從母姓，財產（包含房屋與農田）、家系的傳承、特殊的祭祀權，皆由母女相繼承。女子以家為重，男子的生活重心多放置在部落公共事務之中，特別是保衛聚落福址與安全的事務上。所以，男子必須加入具

圖 1-8　卑南族青少年會所，是卑南族青少年接受部落教育的地方。

軍事性質的「年齡組織」，在家庭生活之外，重心都會放在仿若軍營的「男子會所」中生活。而許多政治、軍事、訓練及男子的生命儀禮，均依附而行。

　　母系繼嗣原則與男子年齡階級制並行，使這些族群呈現性別與年齡上的鮮明差異，不同性別與不同年齡的成員，各自有專屬的服飾、樂舞與祭典儀式。例如，阿美族「豐年祭」（收穫祭）一連串的儀式中，

通常由男子負責迎靈，女子負責送靈，各個年齡階級依照順序以其專屬祭歌領舞；卑南族在祭典上，則有以男子為主的「大狩獵祭」、少年專屬的「少年祭」（猴祭）、女子專屬的「婦女除草完工慶」等。

　　除上述幾族以及排灣族外，其餘族群皆是以父系繼嗣為原則，但在家族和部落的組成上，則有各自不同的方式。如泰雅族、太魯閣族和賽德克族，多以父系核心家庭為

單位，男子一結婚即會分家，每一個家庭都是獨立的社會單元，無本家、分家之別，但同時各家戶又會因血緣或地域關係，組成 "gaga/gaya" 此一共作、共祭、共守禁忌、共負罪責的群體。雅美族的子女婚後亦須搬出老家，但會在父系的宅地上另建新居，形成一個家宅群的聚落，共同享有父系方面數世代構成群體的土地財產，並共同承擔相關土地生產工作，同時亦有以地域關係組成的漁團組織，該組織也是部落中的重要祭祀團體，他們會一同祭祀、捕魚，並共享漁獲。

布農族則以「氏族」為其部落政治、經濟、宗教活動的基礎。家庭通常由兩世代以上的父系親屬成員與其配偶組成，即使經遷離而分散至其他地域，也還是共同遵守原氏族的家法與禁忌，重大祭典儀式皆由該氏族的長者帶領進行。

而賽夏族，則展現出與上述不同的面貌。賽夏族的部落由不同氏族組成並分工明確，每個氏族依據神話傳說，分別負責不同的祭典，在家世財產的分配上，由所有兒子分配，但由幼子繼承家屋並負擔照顧父母的義務。

有「性別平權」之譽的排灣族，行長嗣繼承制，亦即，其孩子不論男女性別，只要是「第一個出生的孩子」，即可繼承家中絕大部分的財產、家名與相關特權，其餘孩子則於結婚之後，由原生家庭分出，或婚入他家，或立新居。

▌階層制度

較為特殊的是，除了排灣族與魯凱族，其他族群在部落政治結構上是處於較為鬆散或平權的狀態。親族的族長由母系或父系繼嗣原則襲得，部落的領袖則是依據年齡或氏族單位，組成具有決策權力的長老會議，或從中推舉出具有公信力者擔任。

而排灣族和魯凱族的社會，則

圖 1-10　阿美族豐年祭，族人手牽手圍成圓圈跳舞。

行「世襲」制度，人一出生就決定了身分。社會階層大致分為貴族、士族和平民等階層。貴族階級擁有土地及相關的政治經濟活動權力，享有支配平民、收稅，以及其他種種特權，同時亦要負擔外交、戰爭和開拓新地等義務。平民則依附於貴族之下，付出勞力換取生活所需與生命保護。士族則介於貴族與平民之間，但其存在方式各部落並不一致，通常因祖先曾有特殊貢獻之故，享有免稅、文身等部分特權。

信仰儀式

臺灣原住民族多為「泛靈信仰」，「泛靈」不僅指的是天地萬物皆有靈的自然信仰，亦包含了「祖靈」在其中。過去臺灣原住民族多以小米為其重要糧食，因此以小米生長期衍生的歲時祭儀繁多，於收穫時刻更會辦理盛大的收穫祭儀，感謝小米靈與祖靈的庇佑。如大家所熟知的阿美族「豐年祭」、泰雅族的「祖靈祭」，以及其他族群的

「收穫祭」。因此，此一時刻的祭儀除了歡愉的展現外，同時亦有其嚴謹與充滿禁忌的面向，通常祭典中「歡愉」的氛圍，是為了「與祖靈共享」而營造，與所謂的「嘉年華會」純粹的娛樂概念截然不同。

除此之外，部分族群或部落因有其不同的生計，也有不同的祭典儀式產生，像是布農族的「射耳祭」、鄒族與阿美族的「漁獵祭」（亦稱河祭或海祭），以及雅美族（達悟族）的「飛魚祭」等；還有依據神話傳說辦理的祭典，如賽夏族的「矮靈祭」、拉阿魯哇族的「貝神祭」等；以及強調征戰勝利與加強部落團結為主旨的鄒族「戰祭」與卑南族的「大狩獵祭」。這些祭典儀式通常是由部落的祭司或靈媒（巫師）所主持，祭司與靈媒也兼行替族人治病、問卜和解夢等職責。

雖然因基督教與天主教的傳入，使許多原住民族人改宗，還有部分族群因長期與漢民族相處，而轉信仰佛教或道教，但各重大祭儀依舊在社會變遷中及各強勢文化的衝擊下保留了下來；甚至在日常生活中，仍有許多來自傳統信仰裡的禁忌❸被遵守著。

▋身體文飾

臺灣原住民族中以排灣族和泰雅族最具代表性。排灣族的文身為貴族階級成員專屬，女性文手，男性文身，平民若對部落有重大貢獻或有特別優秀之技能，亦會被貴族授予文身之榮耀。泰雅族、賽德克族和太魯閣族的文面則是遵循其信仰，男性須於狩獵與馘首成功，女性須學會織布後，才得以文面，如

註解 ❸ 各原住民族有其不同的禁忌，例如達悟族在飛魚祭的禁忌包括：禁止女人參加任何飛魚祭典儀式，不能接近大海、摸漁具和漁船；飛魚汛期時，不可在海邊游泳、釣魚；族人不可罵髒話或亂講話；當飛魚游近，不可用手指指點點；出海捕飛魚的人，必須和妻子分居，把精神集中在捕魚上。

圖1-9　部分原住民族有文身或文面的文化，圖為有文面的原住民族耆老。

此才能讓祖靈識別出他們是自己的後裔，在他們去世後，於彩虹橋的另一端迎接其靈魂。

藝術文化

在藝術文化的表現上，臺灣原住民族群展現了其深厚的實力。除了傳統的染織、刺繡、木雕與建築等工藝外，在當代藝術上，原住民族也以其豐富的文化土壤與生命經驗為養分，投射出與主流社會不同的思維、觀點與詮釋，綻放出多元

且充滿生命力的作品，並吸引不少美術館及博物館的展示與典藏，甚至發展出具有特色的藝術獎勵活動，如「PULIMA 藝術獎」❶ 該活動強調「原住民族藝術源自自然和生活的文化語境，已成為豐富全球藝術語彙及意涵的獨特脈絡」。

其實，除了藝術領域之外，原住民族的生活知識，以及社會文化制度設計，許多方面可供遇到諸多瓶頸的當代社會參考。換句話說，臺灣或是全世界原住民族群多元的文化，除了提供我們新的思考，其實亦幫助我們記憶著許多被現代人群所遺忘的事物，包含人類自身的歷史，以及人類與環境應有的相處之道。生物的多樣性，能維持生態的永續性，而維護人類文化的多元性，則能使人類社會發展上，更趨於平等，並擁有更多的可能性。

我 思 ╳ 我 想

1 ▶ 臺灣有哪些尚未被認定的原住民族？未被認定的原因為何？

2 ▶ 2016 年的原住民日（8 月 1 日），蔡英文總統為何要向原住民族道歉？

3 ▶ 哪些原住民族的生活知識、社會制度與價值，值得當代社會反思與參考採納？

註解 ❶ pulima 是排灣族語，意為「手藝精細之人」。在諸多南島語系中，lima 為「手」的意思。

2

唐山過臺灣

臺灣漢人族群與文化

文／洪泉湖

漢人移民臺灣

大約在 17 世紀左右,就有少數的漢人移民來臺從事開墾,但漢人比較大規模的移民臺灣,則應起源於 1661 年(順治 18 年)鄭成功率軍約二萬五千人攻打臺灣時。鄭氏驅逐荷蘭人而占領臺灣後,即將軍民安置於臺灣,因此臺灣至今仍有營(如新營、左營)、鎮(如前鎮)、勁(如後勁)等地名,後因開發土地,又設有股(如五股、七股)、份(如九份、頭份)、結(如五結)等地名。

1683 年(康熙 22 年),清廷派施琅攻臺,並把臺灣正式納入中國版圖,此後漢人大量來臺。不過,由於臺灣海峽有一黑水溝,波濤浪捲,以當年的航海工具渡海來臺,風險極高,因此臺灣漢人有所謂「唐山過臺灣,心肝結歸丸」(意即糾結成一團)、「六死、三留、一回頭」之說,到臺灣後又得面對瘴癘之氣,墾拓之路,可謂備極艱辛。

在漢人移民中,以福建和廣東一帶的閩南人和客家人居多,但施琅攻臺後,曾上奏清廷,以閩粵之地海盜甚多,為避免臺灣淪為海盜基地,禁止廣東地區居民來臺,因此客家人來臺受阻,待此禁開放,客家人來臺時,良田大多已被閩南人開發了,只得往丘陵地發展。

依日治時代的一項臺灣漢人祖籍調查顯示,當時福建(閩南)人占在臺漢人總人口數的 83.7%,廣東(客家)人則占 15.6%。在閩南人中,泉州人占 45%,漳州人占 35%。泉州人居住的地方,大多靠海;漳州人則比較靠內陸,而客家人則大部分居住在丘陵或靠山的地區,或再移民到花東地區。

不過,臺灣漢人的居住分布,也不是單一原因形成的。除了原鄉祖居地不同外,漢人移民也可能因同姓同宗,或因械鬥,或因工作謀生的關係,而形成今日的居住分布

狀況。例如，客家人中居住新竹者，許多人操海陸話（惠州府的海豐和陸豐），而居住在桃園、苗栗和屏東者，則有許多操四縣話（嘉應州的梅縣、蕉嶺、興寧、平遠），這是跟祖籍有關的；居住在臺北盆地的泉州人和同安人，則因械鬥而導致泉州人仍居住在萬華一帶，而同安人則移居至大稻埕；臺北盆地的客家人也因與閩南人互鬥，結果是客家人移居到桃園、中壢一帶。

另外，因姓氏而聚居在一起的也有不少，例如，彰化的社頭以蕭姓為多，二林則以洪姓為多，故有「社頭蕭（狷）一半，二林全是洪（紅）」的說法。再者，泉州人自古就擅長海上貿易，所以多居住港口地區，如鹿港、萬華等地，漳州人則居住內陸地區，安溪人因自古以種茶維生，也會選擇靠近山地、丘陵地，如木柵、新店等居住，這都與工作或生活有關。

1945 年，第二次世界大戰結束，日本投降，中華民國政府主張臺灣應歸還中國，但中國旋即陷入國共內戰。1949 年底，國民黨領導的中央政府敗退遷臺，同時也帶領了一百多萬軍民移居臺灣，這些人被稱為「外省人」，其中大部分是漢人，也有一部分是滿、蒙、回、藏、苗、瑤、布依、傣族等。他們的居住區域比較分散，無論城市或鄉村，也不論北、中、南、東，都有他們的身影，但若為軍人者，則婚後多居住在離部隊不遠的「眷村」。

臺灣漢人的族群關係

臺灣既然是一個移民社會，除了原住民族以外，閩南人、客家人、外省人、新移民 ❶ 先後來到臺灣。平常當然是各自努力，以求生存與發展，但在漫長的歲月中，各族群

註 ❶ 此處所謂新移民，是指近二十多年來，
解 　因婚姻等原因而移居臺灣的人民。

圖 2-1 臺灣的漢人族群包括閩南人、客家人和外省人，各自以其文化特色豐富了臺灣文化的內涵。上圖為閩南傳統戲劇布袋戲戲偶；左下為客家傳統花布服飾與包包；右下為桃園眷村文化館內的眷村文物。

圖 2-2　屏東六堆義勇軍自 1721 年平定朱一貴事件，一直到 1895 年日本接管臺灣時的抗戰，歷經 170 多年的義勇軍民兵組織，寫下了悲壯的歷史。忠義祠是紀念六堆客家先民保鄉衛家而犧牲的烈士祠，也是六堆客家人的精神堡壘。

間往往因語言、民俗信仰的不同，或為了爭土地、搶水源，權力的分配不均，乃至清廷的分化利用等原因，難免會導致族群間的爭鬥。根據歷史記載，在清領的兩百多年間，臺灣一共發生了七十多次械鬥。

▌閩客械鬥

　　清領期間，臺灣閩客械鬥最初大多發生在南部高屏地區，其中最具代表性的就是 1721 年（康熙 60 年）的朱一貴事件。由於閩客將領權力分配不均，導致客籍將領分裂，客家人在高屏地區建立六堆 ❷ 以自衛，甚至在清廷派兵平亂時，舉旗協助清廷平亂，閩客衝突甚為嚴重。1786 年（乾隆 51 年）臺灣中北部發生林爽文事件，在反抗清朝官方統治時，同樣發生閩客因權力傾軋而

註解　❷「六堆」是地方聚落為對付朱一貴民變，由地方鄉民籌組之自衛組織。所謂「六堆」乃客籍團練組織分為「前、中、後、左、右加前鋒」之統稱。「堆」與「隊」、「營」同義。

互鬥的情形，客籍官兵同樣協助清廷平亂，死難者因而獲得朝廷追封為「義民」，賜建「義民廟」。此外在北港、嘉義等地，也都發生過大規模的閩客衝突事件。

漳泉械鬥

不僅閩、客之間有械鬥，閩南人與閩南人之間，也發生過械鬥。例如，在 1751 至 1865 年之間，臺北淡水地區，至少發生過十六次大規模的漳泉械鬥。彰化地區也發生過九次械鬥，嘉義三次，新竹和宜蘭各二次。其實，不只漳州人和泉州人會械鬥，泉州三邑人（晉江、惠安、南安）和同安人也會發生械鬥，例如，臺北萬華即曾發生過這種械鬥，導致同安人敗退至大稻埕。

省籍情結

臺灣漢人的內部族群關係，還有一項就是所謂的「省籍情結」問題。在 1949 年底政府遷臺所帶來的一百多萬軍民中，仍以漢人居多。不過這些漢人與先前即已住在臺灣的漢人有頗多不同之處，包括：

1. 他們來自山東、四川、湖南、江蘇、浙江等各省，故大多操持國語（具有鄉音的國語），而不是閩南語或客家語。

2. 他們是因政治軍事因素不得已而來到臺灣，想望的是早日回到故鄉，而不是在臺灣長久定居。

3. 他們經歷過八年抗戰，較有反日情結，而原先就住在臺灣的閩南人和客家人，則沒有這種情結。

4. 在 1970 年代以前，臺灣的政治權力，大多掌握在外省人手中。因此，外省人與閩南人、客家人之間的歷史記憶、文化認同、族群想像與政經地位等就會有所不同。尤其是 1947 年發生的「二二八事件」，以及往後的政治抗爭，更激發了所謂本省人和外省人的對立，這種「省籍情結」至今仍未妥善解決。

圖 2-3　為紀念二二八事件，臺灣許多地方都建有紀念碑或紀念公園。圖為臺北市二二八和平紀念公園內的紀念碑。

臺灣的漢文化

本文介紹臺灣的漢文化 ❸，主要是指漢人移民到臺灣所帶來的文化，包括閩南文化和客家文化，也包含外省人的眷村文化。基於以族群為分類標準並不周全 ❹，本文乃以文化的主要內容項目為標準，作為分項的說明，而以 1920 年代以後為介紹的範圍。

文　學

臺灣的現代文學，大致上可以 1920 年代為起點，最早期的代表人物是被稱為「民族詩人」、「臺灣現代文學之父」的賴和。此後，1930 到 1950 年代的楊逵，1960 年代以後的黃春明等，都是具有閩南文化鄉土色彩的文學作家。所謂鄉土文學，其主要關懷點在愛護家鄉、強調鄉土親情，重視基層民眾的社會寫實，也著力於對殖民、政治、戰爭的批判，以及對現代化過程陣痛的呼喊。

在客家文學方面，吳濁流自 1936 年以後有許多知名作品，鍾理和也在 1950 年代即有許多鄉土文學作品，而鍾肇政更是著作等身，從 1960 年代到 2000 年代，著有《魯冰花》、《濁流三部曲》、《臺灣人三部曲》、《高山三部曲》等。客家文學經常以土地、土地與人的關係、客家女性為敘說重點。

至於國語文學（華語文學）方面，可以從 1950 年代以後來自中國大陸的文學家說起。1950 到 1960 年代流行「反共文學」，主要的作家有司馬中原、朱西甯等。1960 到 1980 年代的「懷鄉文學」，代表作家有白先勇、席慕蓉、余光中等，相當程度表示對故國山河的眷戀。1980 年代同時也是「眷村文學」的時代，代表作家有朱天文、朱天心、蘇偉貞等。

1980 到 1990 年代以後，國語文學進入了多元文化的時代，例如，

從 1950 到 1980 年代有一種「旅行文學」，代表作家有陳之藩、三毛等；「女性文學」有李昂、廖輝英、蘇偉貞；「政治文學」有張大春等；「通俗文學」有吳淡如、劉墉等；而九把刀和簡士耕則被歸類為「網路文學」作家❺。

▌語言與文字

語言是人類表達意見、抒發情感和人際互動的最重要工具，也是傳承與發展文化的重要載體，因此非常重要。臺灣人因族群的不同，而分別操持閩南語、客家語、原住民族語❻和國語等，由於講閩南語的人數最多，而國語是官訂的語言，因此大部分的人都聽得懂，而客家語與原住民族語聽得懂的則較少，因此流失得較快。站在多元文化的立場，臺灣各族群的語言，都有加以保存並互相尊重的必要。

就國語而言，1912 年中華民國建立後，即開始制定「國音」，經

幾次的修改，最後在 1932 年公布以北京的普通讀法為標準的「新國音」，通令全國實施，稱為「國語」。但 1955 年中華人民共和國政府決定採用「普通話」替代「國語」。由於中華民國政府遷臺後強行推動「國語文政策」，因此目前使用最廣泛的就是國語。

國語有它的特殊性，例如，文

註解 ❸此處稱為「漢文化」應是相對妥當的，至於 1950 年代大陸百萬軍民來臺所帶來的文化，則包括漢、滿、蒙、回、藏、苗、布依等族，可總稱為「中華文化」，但主要仍以漢文化為主。

❹有些民俗信仰如清明節、端午節、中秋節，以及拜土地公等是各族群所共有的文化；而很多工藝、美術等作品，則不具有族群文化的特性。

❺這種文學的分類方式，學界也有不同的看法，例如，白先勇、余光中是否可歸類為「懷鄉文學」？可能即有異議，不過此一分類還是一般人比較容易接受的。

❻臺灣的原住民族，目前經政府認證的有十六個族群，共操持數十種語言，相當複雜，其中有一部分已瀕臨危亡，甚至已消失無蹤。

字可以成為一種藝術，即書法。語言有它的音樂性，合仄押韻可以吟唱。語文具有娛樂性，古人經常以猜燈謎、對對聯來相互娛樂。閩南語也是漢語的一支，因此也具有音樂性，可以合仄押韻來吟唱；也具有娛樂性，有俗諺、歇後語等，相當有趣。例如，俗諺有「未食五月粽，破裘毋願放」、「人著食麵，你底喊燒」、「袂曉駛船，嫌溪窄」、「細漢偷挽匏，大漢偷牽牛」等；歇後語有「外省人吃柑子～酸（溜）」、「保護三藏去取經～著猴（需要孫猴子）」、「十二月天睏屒頂～凍霜（吝嗇）」、「墓仔埔放炮～驚死人」、「矮仔人爬屒頂～欠梯（欠揍）」等。

臺灣的客家人來自廣東者為多，主要語言包括「四縣、海陸、大埔、饒平、詔安」（所謂四海大平安）各種腔調，其中四縣語，主要分布於桃園、苗栗、屏東、臺東等縣市；而海陸語（海豐和陸豐）主要分布在新竹和花蓮 ❼。客家語也有諺語，例如，「食得肥來，走得瘦」、「有錢十里香，何必新衣裳」、「人心不定，冬天要屋矮，熱天要屋高」等；歇後語如「伯公透大氣～神氣」、「灶公爺上天～有一句報一句」、「狗上樹～毋成猴」、「閻羅王嫁妹仔～鬼愛」等。

▌歌 謠

臺灣早期的漢人歌謠，在閩南語歌謠方面，1930 年代以《四季紅》、《月夜愁》、《望春風》和《雨夜花》最有名，合稱「四月望雨」，描寫在日本殖民統治下農村青年的哀怨情愁。到了 1940 年代至 1950 年代則有《燒肉粽》、《春天那會這呢寒》、《阮那打開心內的門窗》等知名歌曲。1960 年代到 1970 年代有《相思雨》、《歌聲戀情》、《黃昏的故鄉》等名歌。1980 年代到 1990 年代有《愛拚才會贏》、《向前走》等，由於此時臺灣已步入經

濟發展、社會開放的時代，因此歌謠曲調也偏向奮發自強的一面。大體上每個階段的歌曲，都反映了那個時代的社會氛圍與庶民生活景象。

在國語歌謠方面，在1950年代有《何日君再來》、《岷江夜曲》等。1960年代有《綠島小夜曲》、《月下對口》等。1970年代有《小城故事》、《龍的傳人》、《月滿西樓》、《月亮代表我的心》等名歌，首首動聽。1980年代則有《拜訪春天》、《其實你不懂我的心》、《明天會更好》等，更多了幾分浪漫、溫馨、柔情和希望。到了1990年代，則有《思慕的人》、《夢醒時分》等。2000年代更有《人生海海》、《舞孃》、《千里之外》等歌謠。我們也可以再次發現，歌謠詞曲創作，除了作詞作曲者的創意和情感抒發外，大體上還是跟時代的脈動與社會的氛圍有關。

而在客家歌謠方面，除了傳統的老山歌、山歌仔外，《天公落水》、《細妹按靚》等歌是大家比較耳熟能詳的之外，1989年的《客家本色》更是傳唱一時，而稍後的《我是客家人》、《花樹下》也是知名的客家歌謠。

▌表演藝術

表演藝術包括戲劇、舞蹈、音樂、話劇、魔術、雜技等方面，以下主要以戲劇和舞蹈來加以說明。在臺灣，以中華傳統文化為基底的戲劇，有崑曲、京劇、豫劇、相聲等。京劇在1950至1970年代還相當盛行，但目前觀眾驟少，故趨沒落，目前的劇團有當代傳奇、蘭陵劇坊、國光劇團、臺灣戲曲學院附設京劇團等；豫劇團則有臺灣豫劇團等；

註解 ❼ 所謂「四縣」和「海陸」的分法，只是臺灣客家人對祖源地的一種說法，中國大陸客家人並未採用。也有人認為客家語的分布地區還包含廣東的大埔、饒平、詔安，因此可概括為「四海大平安」。

崑劇近幾年來頗有新的發展，劇團有臺灣崑劇團、風城崑劇團等。

至於相聲，發源於北京，後經魏龍豪、吳兆南等人傳到臺灣，1980 年代中期後改以相聲劇出現於臺灣的舞臺。目前的相聲劇團有屏風表演班、表演工作坊、漢霖說唱藝術團等。

在閩南戲劇方面，主要是歌仔戲和布袋戲。歌仔戲起源於宜蘭，大約在 1900 年（日治時代）左右，是臺灣本土劇種。1920 年代開始受到民眾的歡迎而到各地演出，並成立劇班，逐漸從野臺戲搬上正式舞臺。後來透過廣播、電影、電視的傳播，曾盛行一時。1970 年代可能因政府推行國語文政策的影響導致它的沒落，但 1980 年代以後經過不斷的改革與精緻化，近年更躍上國家劇院演出。目前最有名的劇團是明華園、臺灣歌仔戲班、河洛歌仔戲團、薪傳歌仔戲劇團等。

閩南戲劇的另一重點是布袋戲。

布袋戲又稱布袋木偶戲、手袋傀儡戲或掌中戲，起源於福建泉州，18 世紀中葉傳入臺灣。在二次大戰結束後，布袋戲以金光戲的形式在野臺演出，1960 年代後發展迅速，成為民間婚喪喜慶、廟會祭典時很受歡迎的演出劇種，到了 1970 年代初，成為最受歡迎的電視節目之一。

圖 2-4　歌仔戲與布袋戲皆為臺灣傳統戲劇。

圖2-5　客家人多居住於丘陵地帶，從事的工作與種茶、採茶有關，故發展出與茶有特殊關係的族群文化。圖為客家採茶戲。

後因政府推行國語文政策，深受影響而沒落。但1990年代以後，布袋戲團成立霹靂衛星電視臺而復興，目前更透過網路傳播行銷戲集，而且將公司上市，成為傳統戲劇文創化最成功的案例之一。

在客家戲劇方面，主要是採茶戲，本也在沒落中，後經學者專家和政府部門的努力，現已成復興狀態，主要的戲團有鄭榮興劇團、新永光歌劇團、慶美園戲劇團和德泰歌劇團等。

而在舞蹈方面，傳統舞蹈與現代舞並存。在傳統舞蹈方面有中華

藝術舞團、臺北民族舞團、臺南民族舞團、敦煌禪舞團、亦姬舞蹈團、蘭陽舞蹈團等；在現代舞蹈方面則有太古踏舞團、世紀當代舞團、雲門舞集、新古典舞團等，可謂人才輩出，榮景可期。其中雲門舞集以現代舞的肢體技巧，表達東方的人文意境，更深受歐美人士的驚艷與喜愛，尤其《行草》、《水月》、《九歌》、《竹夢》、《稻禾》、《流浪者之歌》等，更是膾炙人口。

雲門舞集的作品不能歸類為哪一個族群的舞蹈，而應該說它是「臺灣的」。不過，也有一些「族群」印記的舞團，例如，惠風舞蹈工作室、采韻舞集就是客家的傳統舞團，築夢舞集、艸雨田舞團則為客家的現代舞團；臺北民族舞團、臺南民族舞團有閩南傳統舞蹈的成分，而林文中舞團和靈龍舞蹈團則是閩南的現代舞蹈。

圖 2-6　雲門舞集於 1973 年誕生，是臺灣第一個職業舞團。

圖 2-7 媽祖在臺灣是常見的信仰，各地都有媽祖廟。圖為臺南的鹿耳門天后宮。

民俗信仰與節慶

臺灣人的宗教信仰也是多元的，根據內政部的統計，臺灣民眾最多人信仰的是道教，其次是佛教、一貫道、基督教、天主教和伊斯蘭教，再次是各種新興宗教，如神道教、天理教、天帝教、真光教團等。但這種調查意義並不大，主要是調查的受訪者難以辨識信仰佛教是要出家才算？還是在家修行也算？或是只要在家中拜觀音即算？另外還有

一個問題是，難以辨識道教和民間信仰的差異。

其實，如果調查表中有明列「民間信仰」，並能舉例加以說明，那臺灣民眾中持「民間信仰」的人應該是最多的。民間信仰的特色是：(1) 拜某些佛教的佛，也拜某些道教的神，甚至拜陰神；(2) 不一定要興建廟宇，即便在家設個神壇也行，既方便信眾，也利於宣教；(3) 強調靈驗，只要能保佑平安發財、指點迷津，即加以膜拜，若不靈驗，則改

拜其他神祇。

以上這些宗教信仰，其實是不分族群的，不過就臺灣的客家人而言，他們另有一些信仰上的特色：(1) 客家人有「義民信仰」，建廟祭拜為保鄉衛民而犧牲的無名英雄們；(2) 另有「三山國王信仰」，將原鄉廣東三座山——巾山、明山、獨山的自然神，轉化為保境安民的神祇；(3) 客家人非常重視傳統文化的傳承，因此建聖蹟亭祭拜創造文字的倉頡、建昌黎祠祭拜韓愈；(4) 漢人一般都會拜土地公，但客家人更把土地公尊為親人長輩，稱之為「伯公」，到處建廟祭祀。

基於民俗信仰的需求，臺灣也發展出相對應的節慶。例如，農曆1月15日是元宵節，除各地有元宵燈會外，新北市平溪有天燈節、臺南市鹽水有蜂炮、臺東有炸邯鄲等節慶活動。農曆3月臺中、彰化、雲林、嘉義四縣市有媽祖繞境活動，每每有數十萬乃至百萬人參與，盛況空

前。農曆4月和9月的臺南西港王船祭和屏東東港王船祭，請王爺收服瘟疫、保境安民。農曆7月的中元祭，各地均會舉行祭典或法會，祭拜鬼魂，宜蘭頭城和屏東恆春更會舉辦搶孤活動，除了表示祭拜孤魂，也祈求來年豐收。此外，搭配著這些祭典節慶或廟會活動，往往會出現各種陣頭技藝的遊行表演，比較有名的陣頭包括車鼓陣、牛犁陣、宋江陣、八家將和藝閣等。

此外，還有一些節慶活動是新創的，例如，國曆的1、2月有墾丁風鈴季，是化阻力為助力的文化觀光活動；4月中旬到5月中旬的桐花祭，是客家人的文化節慶活動；4月的墾丁春吶國際音樂節和7月的貢寮國際海洋音樂祭、5月至7月的福隆國際沙雕藝術節、10月的雲林國際偶戲節、12月的嘉義國際管樂節等，也都是臺灣推展文化觀光的重要創新節慶活動。

圖2-8　天燈（左上）、蜂炮（右上）、炸邯鄲（左下）、八家將（右下），都是臺灣主要的民俗文化。

▌建 築

漢人的建築包括閩南建築和客家建築。閩南建築的形式，有一條龍、轆轤把（單伸手）、多護龍、三合院等，建材則以木構為本，以石材為基礎，壁面為紅磚，門窗樑柱為木材，屋頂為紅瓦，屋脊為馬背形，側面有飾物及鳥踏等。代表作品有霧峰林宅宮保第、臺中西屯張家祖廟、新北市蘆洲李宅、三峽祖師廟、桃園市大溪李騰芳古宅、彰化秀水益源大厝、金門的閩南建築聚落等。

客家建築的形式與閩南大同小異，多了回字型，類似圍龍屋格局。在建材方面，也與閩南接近，多用紅磚紅瓦，但有磚雕門面，更重要的是它在正身廳跟兩旁護龍之間會加蓋一「廊間」，作為休閒或接待客人的空間，而且廊間的屋頂會做「轉溝」，以便排放雨水或接水防火之用，這是與閩南建築最大的不同之處。代表作品有新竹北埔天水堂、桃園新屋范姜祖堂、屏東佳冬蕭家古宅、屏東萬巒五溝水劉氏宗祠等。

圖 2-9　林安泰古厝為傳統四合院民宅建築，也是臺北市目前保存最完整的閩式建築。

圖 2-10　位於新屋的范姜祖堂是一棟具有客家樸實特色的建築，現為桃園市的市定古蹟。

結　語

　　從以上所述，可知臺灣是一個多元族群的移民社會，它承載著豐富的多元文化。就漢人部分來說，又可分為閩南人、客家人和外省族群，他們雖然都是漢人，可是由於語言不同、民俗信仰不同、來臺時間不同、政經權力分配不同、歷史記憶不同等因素，而各自發展了不同的文化內涵。

　　從近百年來臺灣漢文化的發展過程來看，有些文化內涵是由盛而衰，有些則由衰而盛，這都是很自然的事，我們固不必杞人憂天，但也不能刻意予以歧視或打壓，而應抱持著多元文化的精神，也就是對不同的文化都應予以尊重、包容、欣賞和學習，才能使不同的文化之間能相互觀摩、相互激勵，而創造出文明而多彩的社會。

我 思 ╳ 我 想

1 ▶ 臺灣的漢人中，過去曾有閩客械鬥、漳泉械鬥，但後來彼此又能團結一致，現在也沒有這些械鬥了，為什麼？是哪些原因促使他們團結的呢？

2 ▶ 臺灣的省籍情結，有它的歷史背景與形成原因，省籍人士的相互對抗與仇恨，畢竟會傷害臺灣社會，你認為應如何處理這種情結？

3 ▶ 如果你是閩南人，你認為應該怎麼去發揚閩南的語言、歌謠、節慶，而不去貶損客家人、外省人的語言、歌謠和節慶？如果你是客家人或外省人，又當如何？

參考資料

· 方豪 (1994)。《臺灣早期史綱》。臺北：臺灣學生書局。

· 林美容 (1996)。《臺灣、文化與歷史的重構》。臺北：前衛。

· 洪泉湖 (2005)。〈民族主義、國家建構與全球化〉，收錄於《政治學與現代社會》。桃園：國立中央大學。

· 洪泉湖等 (2005)。《臺灣的多元文化》。臺北：五南。

· 戚嘉林 (2007)。《臺灣史》。臺北：海峽。

· 遠足地理百科編著 (2010)。《一看就懂臺灣文化》。臺北：遠足。

· 戴寶村 (2006)。〈移民臺灣：臺灣移民歷史的考察〉，收錄於《臺灣史十一講》。臺北：國立歷史博物館。

3

不要叫我外籍新娘
認識臺灣新移民

文／李淑菁

2017 年 7 月，我走上絲路，從西安逐漸進入兩三千年前東西文明交錯、交融、彼此學習的路線。在路上，我不時聽見「南疆很亂」、「南疆那邊氣氛很緊張」、「到喀什，我都聽不懂他們說什麼，覺得很可怕」的說法。聽著聽著，也跟著緊張起來，開始猶豫要不要去南疆。

同時也有一些聲音，諸如「沒到喀什，等於沒到南疆；沒到南疆，等於沒到新疆！」這句話很能打動我，踏上南疆探索之路。

對多元文化的情緒感受，依主觀位置而改變

到了南疆的第一站喀什，回想抵達前，不同人對諸多差異感受的大放厥詞，其實都來自於自己位置的主觀感受。

南疆不亂，我倒是感覺治安很好，沿路上認識許多維吾爾族、塔吉克族朋友，在在讓我感受到他們的熱情好客。讓我緊張的，不是邊

疆族群複雜多元，而是漢人政權對於身體、行李、移動的各種管控。因不懂他們說什麼而覺得很可怕的漢人，可能多元文化經驗太薄弱。

進入南疆，心裡的感受是受夠了安檢，不管是身體或行李。進市場要安檢，進公園要安檢，上公車也不時被要求開包檢查，連住宿旅館也會不時抽查，搭火車更是戒備森嚴，至少要過四道安檢關卡，全身上下被摸了不下上百次。進出縣城，也都要拿證件下車安檢。一旦掉了證件，寸步難行。

一次，坐在四人小客車內，公安往裡面一望，漢人外貌的我們可免於安檢，反而是回民的司機（中國稱師傅）必須下車排隊受檢。

「這是要保護妳們啊！」當地人如此被論述影響並且內化。對於習慣多元的我，對「單一」反而是害怕的。

2008 年，我拿到博士學位回到臺灣前，心情曾五味雜陳，開心的

圖 3-1　南疆最大城喀什的古城區。

圖 3-2　位於喀什、也是中國最大的清真寺——艾提尕爾清真寺。

是那裡有我熟悉的味道、美食與人際間的溫暖；但隨著回家的日子越來越近，一種「害怕」的感覺卻逐漸浮現。走在劍橋街頭，我已經習慣迎面而來的是漸層的不同膚色、操著不同口音的英文或是沒聽過的語言，與我擦身而過；即使不了解他們說些什麼，卻也可以很自在。

我的「害怕」是回到臺灣後，這種多元環境恐消失，在高度同質性、單一性的文化脈絡下，我是否能夠適應？同一個聊天場合，至少並存著兩三種語言符碼的場景即將消失，我是否即將失去多元的能力？

臺灣人口面貌急速轉變，我們對新移民文化的了解卻很貧乏

我的「害怕」顯然是多慮了！回到臺灣，發覺我對臺灣的想像還停留在 2000 年前後；臺灣在我出國念書幾年間，人口面貌 ❶ 已經悄悄地急速變化。隨著全球化人口快速

且頻繁的移動，國人跨國聯姻的現象也日益普遍。

依內政部戶政司「外國人為國人配偶取得、歸化我國國籍人數統計表」資料顯示，若不計大陸港澳地區，從 2006 年至 2015 年十年間，因婚配而入籍臺灣者，共 7 萬 4,531 人。若從原國籍來看，以越南籍占絕大多數，共 5 萬 9,856 人 (80.3%)，其次為印尼 8,409 人 (11.3%)。跨國婚姻讓臺灣與東南亞越來越密切，然而國人對她們的文化了解依然非常有限。

對於要飛十多個小時、一個太

註解 ❶ 目前共同為臺灣這塊土地努力的國際人士，除了因跨國婚姻成為臺灣的新移民外，另一則是因工作聘約在臺的短期工作者，一般以「移工」稱之。新移民與移工面臨的歧視問題與困境不同。對新移民而言，如何在這塊土地安身立命、如何融入成為臺灣家庭、社會的一分子，成為生活很大的挑戰。對移工來說，更合乎人權、人性的勞動條件與休假時間、更合理的仲介制度等，可能是移工最切身的議題。

平洋以上距離的美國，我們可以略知一二；但對於兩三個小時就能抵達的鄰國，我們或許連結到的只有「外勞」，殊不知越南文化跟臺灣相似度頗高、印尼的客家人也不少。

尊重來自於理解，倘若多數的優勢族群 (advantaged ethnicity) 對多元文化相關議題沒有興趣，文化理解的匱乏就不難想像。就東南亞文化而言，許多民眾對東南亞相關知識與文化缺乏理解、對東南亞文化沒有什麼興趣，甚至有歧視，或因不了解而感到害怕等。

有人說「我們對越南就知道越南河粉」、「有粗淺的了解，從教科書中認識的」；我問越南首都，許多人都回答胡志明市，但其實是河內。許多人以為東南亞都是小乘佛教，其實吳哥文明有一段時間深受大乘佛教影響；越南現在也是以漢傳佛教（大乘佛教）為主。越南文甚至有七成的漢越音，有些發音近似閩南語。

圖 3-3　越南首都為河內。圖為河內歌劇院，建於法國殖民時期。

舉例來說，vòng tay 在越南文化中是很重要的傳統禮貌動作，雙手環抱在胸前下方一點，上身要往前微傾鞠躬，表示問好與感謝。不具越南「文化了解」❷ 能力 (cultural understanding) 的人可能會將之誤解為不禮貌，或有侵犯意圖想要打架的動作。不了解容易產生偏見，偏見生成歧視，因此文化了解是非常重要的基礎。

文化差異，抑或「想像的」差異？

　　最初，我們可能從「文化差異」開始進行異文化的理解，慢慢的，或許我們發現更多的相同處，例如，前述的 vòng tay 其實跟漢文化傳統的「作揖」有異曲同工之妙。

　　我們最初理解新移民文化的方式，顯露出因「不了解」產生的恐懼與歧視。21 世紀全球化在臺灣社會引起討論風潮之時，正是新移民人數急遽增加之際。當時臺灣跨國婚姻現象的形成，與經濟全球化下位處邊緣的農漁村子弟，在本地的戀愛與婚姻市場上缺乏競爭力有關，於是外籍婚姻媒合成為一個機會，不僅解決其婚姻困境，也為農村家庭提供無酬勞動力。當時臺灣農漁村男性與中國、東南亞國家的跨國婚姻，不僅讓移民女性扮演家庭照顧者角色，同時也要求傳宗接代的責任。

圖 3-4　隨著東南亞新移民人數增加，近年來臺灣也開始舉辦新移民的節慶活動，例如新北市政府每年都會舉辦潑水節活動。

註解　❷ 指一個人站在自身文化的位置去理解其他文化的能力。

這樣的背景脈絡大大增加臺灣文化的多元與豐富性，然而當這些多元來到我們跟前，我們如何去理解這些文化，就跟我們的「位置」有關。

我們對於異文化的想像，常跟各國的全球經濟文化位階有關。對於和西方人、日本人婚姻移民所生的孩子，我們以「臺○混血」稱之，而對於東南亞外籍配偶們生下的孩子則稱為「新臺灣之子」。同樣是外籍人士，東南亞到臺灣出賣勞力的勞工，被稱為「外勞」，地位比白皮膚的「老外」矮一截。

我們要思考的是：東南亞文化之多元豐富性怎會成為負面標籤？是否我們將「經濟發展」的現代化思維不假思索地與「文明」或「文化」的發展相連結，於是看待歐美與東南亞國家的眼神就不一樣？

換言之，移出國在全球經濟文化位階的高低，強烈影響著我們對移民的看法。當臺灣人無法理解、

體諒、尊重，甚至不願意去學習「位階」較低的異文化時，「只會生不會教」、「容易生出遲緩兒」等汙名，就被連結在新移民媽媽身上，甚至1990 年代到 2000 年代初，臺灣出現新移民「人口素質缺陷論」的說法與許多歧視性報導。

圖 3-5　林麗蟬是來自柬埔寨的新移民，長期投入志工行列，曾獲選為臺灣十大傑出青年，更是臺灣首位新移民立法委員。

早期「問題化」(problematize) 新移民的論述，經由非政府組織及部分學術界人士的努力下，加上國家經濟發展脈絡下，開始強調新移民優勢觀點，她／他們的語言、文化與在地連結優勢也開始被「看見」。許多學者紛紛投入積極性與批判性的研究，使得移民子女教育論述慢慢轉變，由新移民「問題」到「議題」，從「拯救人口素質論」的「問題化」她者，到開始慢慢能夠肯認其文化，強調多元文化與母語學習的重要性。

然而，臺灣新移民的文化並非僵固的，也不能以「臺灣新移民文化」統括所有相關的文化，因為各國各區域的文化相異度不小。那我們應該如何理解所謂的「文化」呢？

從流動性的觀點理解文化

對於文化，我們應該從流動性 (fluidity) 的觀點進行理解。任何社會文化絕非固定不變，而是隨著時間與空間的遷移、交融，彼此影響，進一步揉合成在地的獨特性。因此，我們必須理解「政治國界」與「文化疆域」兩者之間的差異，例如，越南北邊靠近中國的沙壩 (Sa Pa) 地區少數民族，跟廣西、雲南少數民族有一定的淵源，文化上有某程度的共通性。同時，在比較靠近中國的北越與受法國影響較多的南越，性別文化樣態也有差異。

文化的多元性，比我們想像得複雜許多。在印尼，當我問在地華人如何稱呼在地「他族」時，他們講了一大串我聽不懂的不同族群名稱，我突然間覺得自己的族群想像太單一了。印尼幅員廣大，擁有 1 萬 3 千多個島嶼、種族／族群非常豐富，計有 300 多個族群（但印尼當地學者說法為 600 多個）。這麼多元豐富的南島文化，揉合各種政治影響、文化、宗教，如印度教、佛教、伊斯蘭、華人文化等，構成印尼伊斯蘭文化的高度複雜性。

圖 3-6　印尼是世界上穆斯林人口最多的國家，首都雅加達更擁有東南亞最大的清真寺——伊斯蒂克拉
爾清真寺 (Istiqlal)，寺內可容納 10 萬人。圖為該寺中做禮拜的情形。

　　文化的複雜性衍生出代表性的問題。一樣是東南亞移民，對於「南洋姊妹」一詞即有不同的見解。越南移民陳鳳凰曾投書表示，「南洋一詞是自以為中國為世界中心的歧視字眼，所有東南亞裔族群都不會如此自稱」，所以不應該使用「南洋姊妹」稱呼來自東南亞的移民。

　　數日後，南洋臺灣姊妹會理事長（印尼籍）及副理事長（越南籍），

也同樣在報紙發表文章，說明對「南洋臺灣姊妹會」這個移民運動團體而言，南洋姊妹一詞代表著不同國籍間的姊妹情誼。保留「臺灣」二字是因「臺灣的夥伴也參與很多，而且我們移民歸化後也會變成臺灣人」，想展現語意翻轉的可能。原文如下：

雖然陳小姐的文章提醒我們要更小心用字的問題，但是我們也希望陳小姐在發表個人經驗時，能考慮到每個字詞的意思都有被擴充甚至翻轉的可能，並且也希望她能認識到過去十多年來許許多多移民姊妹投入爭取移

圖 3–7　燦爛時光是一間東南亞主題書店，但不同於一般書店，這裡的書只借不賣。燦爛時光也常舉辦講座、讀書會，打造了一個臺灣與東南亞文化交流的空間。

圖3-8　我國於越南國慶日時，於二二八紀念公園舉行越南文化節活動。圖中人物衣著為越南傳統服飾。

民權益的運動時，我們是多麼為南洋姊妹這四個字感到驕傲。

　　我們不能將移民女性的母國文化以單一同質視之。單就越南而言，北、中、南越的差異性就很大；即使皆來自南越，不同的學經歷背景、家庭與文化背景，也都影響著看待事情的角度，也影響其遭受的歧視與困境的不同樣態。

新移民遭受的歧視與困境

　　先從命名(naming)與正名談起。最初，因跨國婚姻成為臺灣新移民的她們被稱為「外籍新娘」，這詞

彙除了加深「外來者」意涵,「新娘」一詞則是以她們當初進到臺灣的狀態作為稱謂,並強調與夫家的連結,喪失自身主體性。「新移民」、「新住民」或「新移民女性」則是較為中性、較為她們所接受的稱呼。

「命名」其實充滿政治性的權力關係,其中隱含著主流族群如何看待他群的方式。從「蕃仔」、「土著」、「原住民」到「原住民族」;從「智障」學生到「特殊需求」學生;從「外籍學生」到「國際學生」;從「外籍新娘」到「新移民女性」,我們都看到各群體透過正名過程,希望如何被想像、稱呼與對待的方式。

新移民女性一開始最直接面對的挑戰是文化差異的適應。世新大學夏曉鵑教授曾談到一個故事:

小芳剛到臺灣時,特別從家裡帶了一罐在印尼家家戶戶都愛用的蝦醬,沒想到公公一打開罐子便露出嫌惡的表情大喊:「臭死了!好像腳臭啊!」來自越南的小庭坐月子時,吃不慣婆婆每天送上的麻油雞,她最想吃的是家鄉的營養美食鴨仔蛋,婆婆聽了大怒:「那麼噁心的東西怎麼能吃?」

為了滿足臺灣家人的口味,姊妹們只好學習做臺灣菜,暫時封存對娘家味道的思念,只有來到姊妹們的聚會所,才能一股腦地將對家鄉的思念宣洩出來,自在地烹煮家鄉菜,安撫思鄉的味蕾。

在臺灣,她們必須「封存」熟悉的美味,她們的味蕾被壓抑,她們的語言也被排斥,都具體地反映了婚姻移民姊妹們在臺灣的處境。

此外,離鄉背井來到臺灣的她們,卻礙於探親的高門檻規定,使得東南亞家人難以來探望。例如,越籍新移民如果有父母以外的親人想來臺探親,需有 1 億越盾的存款證明(約 13 萬元新臺幣)。這對於個人年平均所得約 2,215 美金(約66,450 元新臺幣)的越南人民而言,相當於工作兩年不吃不喝,是非常

圖 3-9　新移民在臺北車站慶祝開齋節一開始被嫌棄，但近年來轉為保障與尊重。圖為臺北車站開齋節的盛況。

高的門檻。

　　且在越籍新住民取得臺灣身分證之前，如果想申請父母來臺探親，必須由有身分證的臺灣人做擔保。然而，如果是美國太太、日本先生的家人來臺探親，前述門檻根本不存在。顯然，因為國籍的差異，在

臺婚姻移民的家庭團聚權利有顯著的不同。

　　「新二代」在臺灣的處境也凸顯教師多元文化素養的重要性。新二代在求學過程中遭受到歧視對待的故事並不罕見：

　　千萍在國小時期成績表現良好，

有次考到全校第一名，卻被隔壁班老師質疑這第一名是否作弊而來，因為在當時師長觀念中，越南人的孩子不可能這麼聰明。

學校老師們知道她的家庭背景，知道她的母親是越南人，當時才 10 歲出頭的她，捉摸不住其他人的眼光是如何看待自己的；她的努力與積極，是為了擺脫刻板印象，希望自己不要成為「預言會被看不起」的人，然而當努力的結果有了傑出表現時，卻遭到師長不實的指控。

誠然，當教育工作者真正面對文化多樣性 (cultural diversity) 時，大多數教師是準備不足的，這也映照到教育場域與學校進行多元文化

圖 3-10　近年來臺灣已越來越重視新移民文化，一〇八新課綱中更增加了新住民語文的課程。

教育時的問題，例如，活動內容多為文化展演（美食秀、服裝秀之類）、對新移民媽媽的「輔導」、親子教育的增能等，甚至以新移民學生為對象（非全部學生與教師共同參與），以新移民「媽媽」國別進行分組（多以越南、印尼為主），這樣的作法反而落入文化標籤，不利於新移民學生對母親文化的肯認。多元文化教育的主要對象不是社會中的少數族群，反而必須是一般主流族群民眾，讓更多人從了解多元文化開始，進而開始尊重。「文化了解」才是消除偏見與歧視的開端。

旅行作為文化理解的方式

對個人而言，旅行也是開啟文化理解的方式。能夠產生深層意義並發生改變的文化體驗，往往發生在學校圍牆之外，透過深度長時間的自助旅行或者擔任志工，讓自己成為異鄉客，是有意義的文化學習之旅。從出發前在圍籬外的想像，

到真正起身離開臺灣進入越南、印尼，我才慢慢能夠釐清，原來越南媽媽眼中的臺灣更是重男輕女，原來越南內部有那麼大的文化歧異性，原來越南那麼重視孝道。進一步對社會文化的了解，也可以幫助我們理解臺灣移民的處境 ❸；或者在全球化的時代，當我們成為他國移民時，也能對自己的困境有全盤性的理解。

註 ❸ 在啟程之前，建議可透過閱讀先行認
解　　識我們的鄰居，相關書籍如以下兩篇
　　　文章所述：
　　　〈你認識我們的鄰居嗎？認識東南亞，你可以從這 20 本好書開始〉https://www.thenewslens.com/article/16015、
　　　〈流浪到東南亞，推薦帶的 6 本書〉http://opinion.cw.com.tw/blog/profile/91/article/4252

我 思 ╳ 我 想

1 ▶ 從 2000 年以降，經營管理學界開始談「文化智商」的重要性，更彰顯了全球化快速移動時代，國際移動能力在教育上的重要性。請問作為中學生，可以如何提高自己的文化智商，增加文化能力？

2 ▶ 如果你是縣市政府官員，你會如何對大眾進行多元文化教育，讓臺灣成為真正以平等為基礎的多元文化社會？

3 ▶ 網路上曾經流傳著「臺灣人的世界觀」一圖，引起許多討論。先不管其代表性與可信度，請說明下圖呈現的意義。

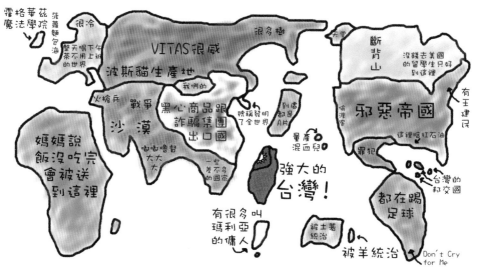

圖 3-11 臺灣人的世界觀

參考資料

· 洪嘉穗 (2017)。〈劉千萍：我是新二代，請您從「心」認識我〉。移人，http://mpark.news/2017/10/24/3463/。

· 夏曉鵑 (2017)。〈餐桌上的家鄉——我們都曾是異鄉人〉。獨立評論，https://opinion.cw.com.tw/blog/profile/65/article/5251。

· 陳鳳凰 (2014)。〈有話直說：別叫我們南洋姊妹〉，《蘋果日報》，2014/1/27。

· 龍煒璿、張育華 (2017)。〈她們遠嫁臺灣，家人卻難以來探望……〉。獨立評論，https://opinion.cw.com.tw/blog/profile/52/article/6238。

· 蘇英、洪滿枝 (2014)。〈看見南洋姊妹的主體性〉，《蘋果日報》，2014/2/8。

4

全世界都在學中國話

博大精深的中國文化

文／吳秀玲

本單元所論的中國文化，是指由中華民族在東亞大陸這片廣闊的土地上所創造的文化。其有獨具特色的語言文字、浩瀚如海的文學創作、嘉惠世界的科技工藝、睿智雋永的哲學信仰、植根深厚的倫理道德，共同構築了該文化的基本內容。至於港澳部分，除介紹其殖民文化外，並側重兩者特有的內涵。

傳統中華民族文化

文化的實質性涵義是「人化」或「人類化」。有了人，就開始有了歷史，也開始有了文化。

▌中華民族文化的搖籃：中國是如何演變的？

中國，是中華民族文化的搖籃，作為地理概念，其內涵經歷了一個漸次擴展的過程。依〈唐律疏議釋文〉，「中華者，中國也。親被王教，自屬中國，衣冠威儀，習俗孝悌，居身禮儀，故謂中華。」中國是如何演變的？本質上是漢族在兩千年同化其他少數族群的過程。

從傳說時代的黃帝開始，各部族主要活動的領域於黃河中下游，其生活文化習俗較為接近。經過夏、商、周三代，這些部族逐漸融為一體，最早出現在《左傳》的「華夏」稱謂，即是指這個族群。從西元前221年秦始皇統一中國起，古往今來多數中國人生存的東半部，較常呈現統一狀態，而這個過程的基石就是相同文化認同感的逐漸出現。

漢族的國族意識與文化認同感把中國這個大國黏合在一起，然而，與東部不同的是，中國西部地區卻是在最近的300年左右才併入版圖。從17世紀中葉，清朝靠多次遠征占領了西部廣袤土地，1755年乾隆帝消滅準噶爾汗國，統一西域，左宗棠於1884年把那片土地命名為「新疆」，取「故土新歸」之意。不管是古代帝國還是現代由中國共產黨領導的政府，與西部的新疆和西藏

地區的關係一直充滿矛盾和衝突。例如，新疆獨立運動（簡稱疆獨），是當地少數民族自 19 世紀中期以來謀求建立獨立現代國家的民族解放運動，希求通過各種手段最終達到與中國分離的目的。

圖 4-1　1894 年的清朝疆域圖。

中華文化發展的基本脈絡

中華文化自其發生期，即因環境的多樣化而呈現豐富的多元狀態。在發展過程中，中原地區形成了比較先進的華夏文化，在周邊則產生其他許多群體。春秋時代常以「諸夏」（周王畿及諸侯國）和「四夷」（北狄、西戎、東夷、南蠻）對舉，即表示當時中原政權之外，存在著各種不同且尚未完全接受中原文化的群體。中國社會的發展歷程，也就是華夏文化向周邊擴散的過程。

當然，中原文化在施以「教化」的過程中也會吸收「蠻夷」的文化，如音樂、舞蹈、騎射、農作物等，會把少數民族的優秀文化吸收進中原的文化中。中華文化是核，會不斷從周邊汲取養分，在這樣一個文化交流的框架內不斷生長而變得豐富，這是中華文化發展的基本脈絡。

農耕文化高居世界領先地位

在中國占主導地位的傳統文化，無論是物質的，還是精神的，都是建立在農業產生的基礎上。農業民族對農業的重視和土地的依賴，發展成安土重遷的觀念，長期缺乏開放的動力，對封建社會的政治、經濟、文化等各個方面都有重大影響。

然中國的農耕經濟並不以農業生產為限，而是包含手工業、商業等經濟成分，士農工商的社會分工由來已久，城鎮商品市場的蓬勃發展，吸引了農村人口的流入，隨著城外工商業人戶的增加，城市的範圍不斷擴大，北宋畫家張擇端的《清明上河圖》，呈現了當時開封城的風貌與市民文化。至16世紀前後，具東方特色的農業科學，例如，精巧的農具、培育良種、集約耕作、蠶桑製品和茶葉生產等，展現中國的農耕文化高居世界領先地位。

▌中國傳統文化以儒釋道為本

中國傳統思想文化有所謂「九流十家」，而東漢時期印度佛教傳入中國，逐漸形成「儒釋道」三者。「儒」是指孔子開創的學派；「釋」是印度淨飯王兒子喬達摩悉達多創立的宗教，因悉達多為釋迦牟尼佛，故又稱釋教或佛教，為世界四大宗教之一；「道」則是指東漢末年張道陵依據《道德經》（即《老子》）、《南華經》（即《莊子》）創立的宗教，是中國本土宗教，在中國境內廣泛傳播，影響巨大。

儒家的思想與主張

孔子繼承周公崇尚德政、慎用

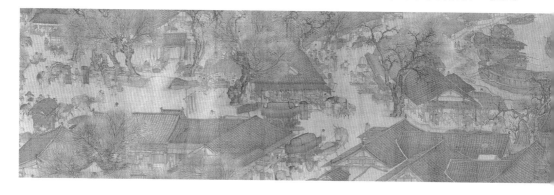

刑罰的思想與勤政、惠民、裕民和任賢的倡議，發展出儒家「仁政」與「德治」的論述，重視統治者的德行和才能，力主輕徭薄賦，寬厚待民，後來孟子提倡的「仁義」與荀子主張的「禮治」，都是一脈相承。之後再納入「內聖外王」之道，以《大學》中的「八條目」——「格物、致知、誠意、正心、修身、齊家、治國、平天下」為實踐「內聖外王」的具體步驟。儒家導向的中國文化在歷史上，尤其是近現代以來一直受到挑戰並處於變化之中，但不可否認，孔子之後的思想家或政治家，無不受儒家思想的影響。

儒、釋、道三教合流

儒、釋、道三教合一的思想，初起於唐。三教講論，雖肇始於北周武帝時，然直至唐代始以儒、釋、道三教名流論辯詰難為風尚，並漸由論辯詰難而趨於融匯調和。三教講論導致了學者以釋道義理來解釋儒家經義，從而促進儒家思想的轉變。宋儒周敦頤等人援佛入儒，革新儒學，形成理學。明代王陽明得益於佛、道頗多，尤其與禪宗的關係更深，其援佛、道入儒，由禪宗「即心即佛」發展創立心學，明代儒、釋、道三教合流，是以儒家學

圖 4-2　清明上河圖（節錄）。

者為中心，並由眾多名僧、方士參與其間，彼此交游，互為影響，最終導致佛、道的世俗化和儒學的通俗化，以及迄今在民間生活各個層面烙下的深深印記。

四藝——琴棋書畫

中華文化從中國人生活的各方面表現出來，內容包括語言、飲食、服飾、藝術、文學及園林建築等。其中古琴、圍棋、書法和繪畫，合稱「四藝」或「四絕」，是中華文化獨特的藝術與技藝，對日本與其他東亞國家也都有深遠影響。

圖 4-3 儒家思想也擴及到漢字文化圈以外的地方，圖為越南河內的孔廟。

古 琴

四藝中的琴棋書畫，第一就是琴，又稱古琴、瑤琴或七弦琴，是中國最古老的絲弦樂器，音樂深受儒、道思想影響，重視和雅與清幽的意境，「君子不撤琴瑟」，文人愛琴，和古琴獨特的文化內涵有關。

圍 棋

圍棋起源於中國，是人類史上最古老的棋類，初現於四千多年前，最早的可靠記載見於春秋時期的《左傳》，圍棋是「方圓黑白世界」，規則簡潔而優雅，但玩法卻千變萬化，「三尺之局作戰場」，被認為是目前世界上最複雜的棋盤遊戲之一，而「爭棋無名局」❶表現的也是中國哲學的一種核心思想。

書 法

漢字是中國文化最基本以及最重要的象徵，漢字本來是一種象形化文字，具有圖象之美，結構多變的型態富含藝術性。書法，書寫的是漢字，書寫的特有工具——毛筆，柔軟而有彈性，可以產生豐富的變化。中國書法歷史悠久，名家輩出，獨擅勝場，中唐顏真卿之「顏體」端莊渾厚，晚唐柳公權之「柳體」骨力遒勁，對後世影響殊深。

繪 畫

早期的中國畫被稱為「丹青」，強調色彩的運用。中國古代畫家喜以梅蘭竹菊「四君子」或松竹梅「歲寒三友」為藝術素材，象徵人的品格，與代表一種絮根於土地、堅忍不拔的文化氣息。古代讀書人大多能詩善畫，盛唐王維乃「詩中有畫，畫中有詩」的典範，一幅僅以黑色水墨揮灑的《雪溪圖》，繪出悠遠平淡的白雪世界，自此以後，「畫

註 ❶ 指下棋若以爭勝為目的，很難出現精
解　彩對弈的名局。

道之中，水墨為上」，成為中國繪
畫的主流觀念。

圖 4-4　隋代出土的圍棋盤面縱橫 19 道，表示
隋代前此種棋盤就已出現並流傳至今。

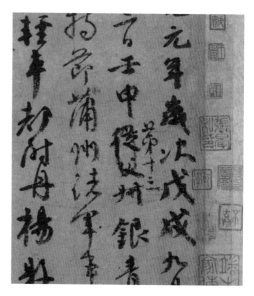

圖 4-5　雪溪圖。

圖 4-6　顏體（上）與柳體（下）的風格不同。

中國的少數族群文化特色

中國人口以漢族人數最多，約占總人口的 90% 以上，其他 55 個民族稱為少數民族。這些少數族群不論人數多寡，大多有自己的文化特色。

▌中國的多民族情形

中國少數民族人口在千萬人以上的有 4 個，其中壯族最多（約 1,692 萬），其次為回族（1,058 萬）、滿族（約 1,039 萬）和維吾爾族（約 1,007 萬）；人口在百萬人以上的有 14 個；人口在 1 萬以下的則有 6 個。由於歷史地理或社會因素，有些少數民族漢化情形較深。

中國的民族分布具有既集中又分散，大雜居、小聚居，交錯分布的特點。少數民族主要集中在東北三省、內蒙古、新疆、西藏，占全國面積的二分之一以上，以下介紹三個頗具文化特色的族群。

表 4-1　中國各省市境內人數最多的少數民族

地　區	少數民族
雲　南	彝　族
青　海	藏　族
貴　州	苗　族
四　川	彝　族
湖北、湖南、重慶	土家族
甘　肅	回　族
遼寧、黑龍江	滿　族
吉　林	朝鮮族
浙江、福建	畬　族
北京市	滿　族
上海市	回　族

表 4-2　中國五大少數民族自治區

自治區	少數民族
新　疆	維吾爾
廣　西	壯　族
寧　夏	回　族
內蒙古	蒙古族
西　藏	藏　族

維吾爾族

　　維吾爾族是古代回鶻與塔里木盆地的伊朗裔土著居民和信仰伊斯蘭教的蒙古人融合的混血民族,「維吾爾族」是1930年代才出現的名詞。維吾爾族主要分布在新疆維吾爾族自治區,其中以喀什、和田與阿克蘇地區最為集中,是中國第四大少數民族。維吾爾族主要從事農業,種植棉花、小麥、水稻等農作物,以麵食為主,喜食牛、羊肉,有烤羊肉串的習俗,並把「抓飯」視為上等美味食品。

　　歷史上維吾爾族曾使用不同文字來書寫自己的語言,信奉伊斯蘭教後,在使用回鶻文的同時,也用以阿拉伯字母為基礎的文字,之後也恢復使用老維文 ❷。維吾爾族有自己獨特的文化藝術,歷史悠久,內容豐富,音樂舞蹈聞名中外。

圖 4-7　饢是一種發酵的麵餅,為維吾爾族的主食,此類食物在中亞與南亞亦常見。

圖 4-8　烤羊肉串是新疆常見的街頭小吃。抓飯是維吾爾族傳統食物,食材包括羊肉或牛肉、胡蘿蔔、洋蔥。

註　❷ 2017年9月起,新疆和田地區教育局
解　　規定各級學校禁止使用維吾爾語,只
　　　能用漢語,此舉被視為中國政府對維
　　　吾爾族的強勢同化措施。

圖 4-9 那達慕為蒙古族一年一度的傳統體能運動競技節日，包括摔跤、賽馬、射箭三項比賽。圖為摔跤比賽。

蒙古族

蒙古族歷史悠久又富於傳奇色彩，素有「馬背上的民族」之稱，千百年來過著「逐水草而居」的遊牧生活，主要聚居在內蒙古自治區，信仰藏傳佛教和薩滿教。蒙古包是蒙古族的傳統住房，其特點是易於搬遷；蒙古族人能歌善舞，飲食以肉食和奶類為主，酷愛飲茶，尤其是用磚茶煮的奶茶。

「祭敖包」是傳統的宗教活動，每年 7、8 月草原上都會舉行盛大的「那達慕」大會，主要內容為摔跤活動，「那達慕」源於古代「祭敖包」的儀式，現已成為歡慶豐收的娛樂節日。

藏　族

藏族有自己的語言文字，藏文

屬拼音文字，7世紀前期參照梵文創制而成。藏文化，可謂保存完好且頗為神祕的典型地域文化，現存中國的民族古籍文獻僅次於漢文化。藏族早期信奉波苯教，之後大多信仰藏傳佛教。藏傳佛教為中國佛教三大派系之一，是佛教與西藏本土宗教相結合的一種宗教形式，漢語俗稱「喇嘛教」，該教中根據轉世制度取得寺廟首領地位的繼承人稱為「活佛」（藏語為「朱古」，意為神佛化現為肉身），「喇嘛」（藏語音譯，意為「上師」）則是對高僧的尊稱，西藏已成為舉世聞名的藏傳佛教聖地。

圖4-10　布達拉宮為西藏最龐大和完整的古代宮堡建築群，是集宮殿、城堡和寺院於一體的宏偉建築。

▌ 中國對少數族群的文化政策

各個地方的少數民族接受漢化的程度不一，在相互交往的過程中，與漢族混血的程度也不同，中國歷代的統治者根據各族群和中原漢人的血緣關係、接受漢化的程度、與中原皇朝的政治聯繫，給予它們不同的稱呼（如「生番」和「熟番」），區別對待，採用不同的政策。例如，清朝管理西藏有一套特殊的制度，承認達賴和班禪的崇高地位，在拉薩設有駐藏大臣，活佛轉世靈童的認定採「金瓶掣籤」（或金瓶掣簽）制度 ❸。清朝是根據當時各邊疆少數民族迥異的狀況，一地一策來制定各地具體的治理辦法。

在接受了馬克思主義和共產主義意識型態後，由中國共產黨執政的中國在處理少數民族問題方面，與歷史上形成的傳統作法相比，確實有些不同。《中華人民共和國憲法》規定各民族一律平等；各少數民族聚居的地方實行區域自治，設立自治機關，行使自治權。秉持中華民族是歷史上不同民族之間長期互動和整合而形成的信念，將各民族統一在同一個政體以及同一個「中國文化」之下 ❹。

中國特有的黨國政治文化

自 1921 年中國共產黨創立、1949 年中華人民共和國建政以來，對傳統文化存廢的爭論持續相當長的時間，其文化政策是以政治凌駕於一切，講求「以黨領政」和「為黨服務」。1966 年開始的「文化大革命」，興起對毛澤東的個人崇拜，

註 ❸ 意指透過抽籤的方式來認定達賴和班
解　禪的轉世靈童，由於籤放置於金瓶中，故為金瓶掣籤。

❹ 雖然《憲法》規定各民族一律平等，但中國政府常對少數族群進行管控，例如，對藏區採高壓統治、宗教限制、同化政策，引來藏人的不滿，遂有者以自焚的方式表達抗議。

圖4-11　毛澤東為中國人民的精神領袖，圖為天安門廣場的毛澤東像。

也將黨國體制推至頂峰，經歷十年浩劫後，出現「傷痕文學」❺的反省，但曇花一現，並未解構黨國政治文化。

1978年改革開放以來，私有財產權逐步鬆動，人與人之間、人與外界的互動增加，迄今中國已成為世界第二大經濟體，然而中共政府作為文化霸權，仍是文化與意識型態的主控者，透過對媒體或廣播內容、電視節目、網路言論等的嚴格審查或封鎖，繼續經由國家力量輸出其所認為應該表現的「文化」意象，例如，「電視認罪」即被學者解讀為意在體現黨國對個人的權威。

2002年，中國加入「世界貿易組織」(WTO)，促使中國文化產業門戶洞開，也加快了改革的步調。為擴大中國文化的影響力，具體的做法是於各國成立「孔子學院」，以「中華文化」為包裝進行推銷，傳播中國的價值觀與語言，然而如何把「源自於中華五千多年文明歷史所孕育的中華優秀傳統文化」注入到新時代中國特色的社會主義，實現「中國夢」的目標，值得關注。

香港、澳門的殖民文化

1842年第一次中英鴉片戰爭結束後的《南京條約》，將香港割讓給英國；1887年，清廷與葡萄牙簽訂的《中葡和好通商條約》，則

註解 ❺傷痕文學是1970年代末到1980年代初盛行於中國文壇的一種創作風潮，其名稱來自於盧新華以文革中知識分子生活為題材的小說《傷痕》。傷痕文學的特色是對十年文革浩劫進行了控訴與譴責。

允許葡國「永居管理澳門」。直至1997年和1999年香港和澳門先後回歸中國之前，這兩個被殖民地區，分別孕育出與中國不同的文化。

▋ 香港的文化

香港原屬廣東省新安縣管轄，過去百多年間香港曾為英國殖民地，受到西方文化的衝擊和影響，但不少中華傳統文化和價值觀，以及民間風俗仍被保留，故而釀成華洋融合的獨特文化。

香港人口約724萬餘人，人口密度高居世界第三，組成以華人為主，占總人口的93.6%。移居香港的人口以廣東和福建兩省為主，自從中國改革開放以後，來自其他省市的移民開始增加；而華人以外的種族，以菲律賓人數最多。1949年中國政權易手，大量中國難民及資本家來港避難，影響了香港原本以廣東文化為主的生活習慣以及經濟發展。

隨著1970年代香港人的身分獲得普遍認同，同時亦建立起一套面向本地市場的普及文化，如電視、電影、歌曲、漫畫等，衍生出一個充滿商業色彩且迎合公眾口味的「香港文化」。其中植根傳統粵語文化、融合中西的華人本土電影產業，1980年代的總產值已躍居世界第二位，僅次於美國，享有「電影夢工場」、「東方好萊塢」之美稱。雖然香港電影業在1990年代中期深受工業危機和香港主權移交的衝擊，但香港電影仍保持其獨有的特色，並成為香港的文化主流。

1997年香港回歸中國，政府開始推行「兩文三語」的政策與教學，亦即要求人民以中文和英文書寫，以及能說粵語、英語和普通話。

香港作為一個國際都會，世界各地的美食琳瑯滿目，被譽為「美食天堂」，其地道飲食文化揉合中國菜（主要為粵菜和客家菜）和西餐，其中以茶餐廳和大牌檔為代表。

圖 4-12　香港黃大仙祠主要供奉道教著名神祇黃初平，另也供奉孔子、觀音等，三教融合為其一大特色。該廟宇也是香港一級歷史建築。

圖 4-13　香港電影在 1980、90 年代風靡韓國，已故港星張國榮在韓國相當受歡迎，《阿飛正傳》裡的曼波舞，至今仍常被韓國影視節目提到；而韓劇《請回答 1988》中則出現主角群在看《英雄本色 2》的場景。

澳門的文化

澳門位於廣東省南部珠江三角洲口，東面與香港隔海相距約 60 公里，自南宋開始為香山縣管轄，由於獨特的地理位置與歷史背景，中國內地居民不斷遷入。16 世紀中葉，葡萄牙人抵澳定居，澳門成為貿易和傳教中心，大大促進了東西方文化交流，使中國的傳統文化和來自歐洲、東南亞等地的文化相互碰撞、交流長達 400 年之久，中西建築、藝術、美食等文化多元共存，融合出中西合璧的獨特文化。例如，澳門現存有不少中西合璧的文物古蹟（如大三巴牌坊），大都具有「以中為主，中葡結合」的特色。

澳門的人口約為 63 萬多人，當中以華人為主，占總人口的 94%，葡萄牙人（包括在澳門的土生葡人❻）及其他外國人則占 6%。因曾長期被葡萄牙殖民，構成澳門獨有的土生葡人文化和特殊的博彩文化。

殖民時代葡萄牙人引進賭場，長期以來賭博業（博奕產業）是澳門的經濟支柱，賭場的建設，已然成為澳門的一種特色文化。

澳門地方不大，卻是一個飲食文化十分發達的城市，其結合葡萄牙、印度、馬來西亞及中國廣東菜餚等烹飪技術中的精華，創製出世界上獨一無二的「澳門葡國菜」（如葡國雞、馬介魚等）。

澳門於歷史上最突出的貢獻在起了中轉和橋梁作用，在傳播東西方文化的過程中，許多西方著名的傳教士（如利瑪竇、湯若望、南懷仁、郎世寧等）都曾在澳門聖保祿學院——東方第一所西方式大學進修過。清末主張維新變法的梁啟超最早也是從澳門傳教士所傳播的思想中得到啟發，而中華民國主要的

註　❻澳門土生葡人指過去葡萄牙人管治澳
解　　門期間，與當地華人、東南亞或南亞
　　　人通婚的後代，目前約有 2、3 萬人。

圖 4-14　大三巴牌坊為聖保祿大教堂遺址，由於被火燒毀只剩下前壁與石階，是澳門著名地標之一。

圖 4-15　「龍環葡韻住宅式博物館」包括五棟葡式建築，過去為高級官員官邸，由於顏色與造型十分可愛，現為澳門的知名景點。

圖 4-16　澳門的媽祖閣又稱媽閣廟，是澳門現存最古老的廟宇。澳門的葡萄牙語名稱 Macau 即來自於「媽閣」的音譯。

肇建者孫中山，青少年時代在澳門接觸西方思想並在海外尋求救國之道，創立了「三民主義」，還把澳門作為實現其理想的重要基地。

中華文化走向世界

梁啟超曾將中國的歷史分為「中國之中國」、「亞洲之中國」和「世界之中國」三階段，從秦代的大一統天下至清朝深受西風東漸的挑戰，這兩千年間，中華文化深刻影響著東亞各國的發展，甚至是世界文明的進程。

四大發明影響文明進程

約在西元前 5 世紀，中國人就發現了磁鐵的指極性，至北宋時，指南針被廣泛運用，促進航海事業的發展，明代鄭和七次下西洋，為人類航海史的壯舉。至於造紙和印刷術的發明，開創人類文明的新紀元，順著陸上和海上絲綢之路，傳到歐洲各國，帶來全世界文教發展

的新契機。因煉丹術而發明的火藥，於 13 世紀蒙古軍隊西征橫掃歐亞時，傳到世界各地，後來西方侵略者也是利用火藥所製造的利炮，打開中國閉關自守已久的大門。

人類文化遺產的瑰寶

中國文化在走向世界的過程中，其獨具魅力的東方意識對歐洲也產生一定的影響。中國古代文學是世界上歷史最悠久的文學之一，歷經長達三千多年從未中斷地發展，從中國最早的詩歌總集《詩經》、至

圖 4-17　10 世紀的敦煌壁畫，有最早關於火槍和手榴彈的描繪（圖右上部分）。

諸子百家蔚為壯觀的先秦散文，到真正文學創作伊始的魏晉小說，唐代傳奇、宋代話本和明清長篇章回小說，「一代有一代之所勝」的特殊表現，再加上漢賦、唐詩、宋詞和元曲，其輝煌成就為全人類文化遺產的瑰寶。

18世紀歐洲啟蒙大師伏爾泰 (Voltaire) 把東方稱為「一切藝術的搖籃」，並認為「西方的一切都應該歸功於它」。德國古典哲學的先驅萊布尼茲 (Gottfried W. Leibniz) 是第一個認識到中國文化對於西方發展具有重要意義的哲學家。其對二進位算數的研究，曾從中國古代《易經》中得到重大啟示。沒有二進位法的引入，就不可能出現現代數理邏輯和電腦科學，而萊布尼茲成為符號邏輯或數理邏輯的前輩，對其觀念的刺激，被認為是來自於中國特殊的表意符號。

▌培養多元文化的視野

中華文化固有優良傳統，但中華文化的不足之處，也須探索一條適應新時代變化的可行之道──「古為今用，洋為中用，批判繼承，綜合創新」，即中華文化既需要道德實踐的內涵，也需要民主、自由、法治、科學和實用技術相輔相成。「海納百川，有容乃大」，尊重不同文化的存在，吸收世界各國文化的精華，使文化的發展更加全面與璀璨，是未來的必然方向。

我 思 ╳ 我 想

1 ▶ 哪些地理因素對中國文化的形成和發展有較大的影響？

2 ▶ 為什麼同樣的地理因素，在不同的歷史時期，對文化的發展會產生不同的作用？

3 ▶ 中國古代科學技術曾有偉大成就，為何近百年來的科技發展卻遲滯？

參考資料

- 李約瑟 (1990)。《中國科學技術史》。北京：科學。
- 施仲謀主編 (2010)。《中華文化擷英》。北京：北京大學。
- 張岱年、方克立主編 (2016)。《中國文化概論》。桃園：昌明。
- 葉朗、朱良志 (2011)。《開始讀中國文化的第一本書》。香港：中華。

圖 4-18　故宮（紫禁城）為傳統中國文化的代表，也是北京著名的觀光景點。

5

所謂的西方世界
歐美多元文化的發展

文／王俐容

隨著資本主義的擴展與工業先進國家進入了資訊化時代，人群流動、文化擴散的速度與強度都急速增加。移民潮導致大量低度開發國家人民移往主要資本主義國家，先進國家都開始被定位為多元文化國家，不論在文化多樣的展現，或政策的調整與制定，都開始重視多元文化的發展。本章以美洲與歐洲的經驗作討論。

美洲多元文化的發展

▌美　國

2010 年後，美國種族之間的矛盾與衝突事件日漸增多，例如，警察執法過程中的種族矛盾與執法過當問題，導致非裔美國人與白人的矛盾不斷惡化，白人弱勢青年也出現極端種族主義情緒，透過社群媒體宣揚恫嚇少數族裔的暴力性、鼓吹隔離主義言論時有所聞。對於穆斯林移民社群的歧視與偏見、反對移民的言論甚囂塵上，也在 2016 年的總統選舉成為重要議題。到底美國社會的種族關係發展如何？有哪些問題？

按照美國人口普查來劃分，美國基本的族群單位可分為：白人、西裔（或稱拉丁裔）、非裔（俗稱黑人）、亞裔、夏威夷與太平洋島嶼裔、印地安人與阿拉斯加的原住民族等。以經濟與政治力來區分，最上層由來自各國的白人新教徒所組成；中間層為來自各國的白人天主教徒、猶太裔與多數亞裔；最下層則由非裔、西裔、原住民族與某些亞裔所組成。

1782 年，法國移民克雷夫科爾 (Hector St. John de Crèvecoeur) 在《一個美國農民的來信》(*Letters From an American Farmer*) 中使用了「熔化」(melted) 一字來描述美國是一個多民族的國家，在擁有共同思想、意識、觀點、信念與忠誠後形成的新民族。1908 年猶太移民作家贊格

威爾 (Israel Zangwill) 在戲劇《熔爐》(*The Melting Pot*) 中指出，「美國是上帝的熔爐，來自歐洲的各種族在那裡得到融合與改造」，更使美國民族關係就是大熔爐 (melting pot) 的意象得到強化。

在大熔爐的意象下，移民過程逐漸被視為同化 (assimilation) 的過程，代表性學者帕克 (Robert Park) 提出同化階段包括：接觸、衝突、適應與同化，假設了所有美國移民最終須同化至美國主流社會的文化，放棄原有母國的文化。因此，同化模式較被視為一種直線模式，隨著時間的進展，移民團體被期待經由適應的過程，最終融入移居的社會。

但這個假設的問題在於，被視為熔爐的美國文化，本身具有不同的文化特色與風俗習慣，哪一種才是主流文化？來自英格蘭的盎格魯 (Anglo) 文化嗎？因此，卡倫 (Horace Kallen) 就提出文化多元性 (cultural pluralism) 的觀點，認為美國文化是一種樂隊，來自各國不同的聲音共同交織與演奏出複雜多樣的音樂；或是以馬賽克 (mosaic)、沙拉碗 (salad bowl)、萬花筒等不同方式來取代過去大熔爐的意象。

1960 年代出現的非裔平權運動，以及教育領域裡，都出現要求文化多元形式的聲浪，認為不同的移民文化都應受到尊重，而非要求單向的融入。例如，教育界所組成的國家文化多元主義聯盟指出，為了實現文化多元主義，我們必須自差異中聯合。每個人都應自覺與確保自己的認同，進而擴大為對別人的認同予以相同的尊敬與重視，就跟他所享受的權利一樣。而 1972 年提出的《族群文化遺產研究行動法案》(*The Ethnic Heritage Studies Program Act*) 與同年所建立的多元文化教育委員會，都強調在美國社會生活中，對文化多元差異有更多的包容。

雖然如此，美國的種族不平等

依然嚴重。被視為最底層階級的原住民族、非裔與拉丁裔的人權處境相對低落。在政治權方面，印地安人政治的參與權利最低，在政府官員所占的比例相較於非裔與拉丁裔更少；在經濟方面也處於絕對弱勢，在 1969 年，三分之一的印地安家庭處於國家貧窮線之下。1970 年美國聯邦政府官員承認印地安人是美國最貧困的團體。

非裔在二次大戰後，無論在政治參與、經濟收入、教育獲取方面，也相當弱勢。1965 年《投票權法》(*Voting Rights Act*) 通過之前，密西西比州的非裔投票權只有白人的十分之一，直到《投票權法》通過後他們參與選舉的障礙才得到解除；1969 年非裔的文盲比例高於白人六倍，取消學校的隔離政策非常艱難；1970 年代時有四分之一的非裔仍住在破敗的房子裡，也無法擁有自己的住房。

圖 5-1　美國首座國家級非裔歷史文化博物館於 2016 年 9 月在華盛頓特區開幕，展出內容包括非裔美國人的歷史、生活、藝術和文化。

圖 5-2　奇卡諾公園位於美國聖地亞哥科羅拉多橋下，處於墨裔美國人及墨西哥移民的社區中。公園裡有許多奇卡諾壁畫、雕塑等作品。

拉丁裔主要於 1950 年代後才開始移民到美國，主要來自墨西哥與中南美洲的國家，如波多黎各、古巴等。由於當時正是美國經濟高速發展期，需要大量廉價勞動力，使得拉丁裔獲得工作並不困難。然而，在職場上，拉丁裔即使與白人具有相同的教育程度，收入也只能到達白人的 60% 至 80%。

這些族群不平等現象促發了 1960 到 1980 年代的族群運動，包括非裔的黑權運動 (Black Power movement)、拉丁裔的奇卡諾運動 (the Chicano Movement)❶，以及美國原住民族的社會運動等。

註解　❶奇卡諾 (Chicano) 意為墨西哥裔美國人。奇卡諾運動是 1960 年代墨裔美國人爭取自由和平等權利的社會運動，類似非裔的民權運動。奇卡諾運動也展現在藝術層面上，包括繪畫、文學、音樂、劇場等，墨裔藉由獨特風格的藝術創作獲得族群認同感。

以美國原住民族運動為例，他們在部落傳統不斷喪失，又遭受主流社會的偏見與歧視的情況下，強調他們有權利保有民族與生俱來的精神與文化，並主張強化原住民族自治的需求。他們不希望被推入美國生活的主流，而強烈要求自治權、規劃自己的文化框架，保留自己的文化傳統與價值。

為了回應這些原住民族運動的訴求，美國政府提出一些原住民族政策，較重要的法案有 1968 年的《印地安民權法案》(Indian Civil Rights Act)、1975 年的《印地安自決權與教育撫助法案》(Indian Self-Determination and Educational Assistance Act)、1978 年的《印地安兒童福利法案》(Indian Child Welfare Act) 與《美國印地安宗教自由法案》(American Indian Religious

圖 5-3　原名為麥金利峰 (Mount McKinley) 的美國最高峰，於 2015 年改名為阿拉斯加原住民族對此山的稱呼──德納利峰 (Denali)。原名是取自美國第 25 任總統麥金利 (William McKinley)，但麥金利從未造訪過該峰或阿拉斯加州，更名為德納利峰展現出政府對原住民族傳統的支持。

Freedom Act)，以及 1980 年的《美國原住民族墓地保護及歸還法案》(*Native American Graves Protection and Repatriation Act*)。這時期的法案讓原住民族得到一些自治與自主權，也讓其身分認同感逐漸上升。

1970 年代，美國的亞裔人口有驚人的成長，相較於其他少數團體，亞裔具有所得較高、教育程度也比較高的特質。他們來自的國家包括：菲律賓、中國、韓國、越南與印度、巴基斯坦等；主要聚集於西海岸及主要的城市，如紐約或芝加哥等。

美國亞裔青少年努力形塑「模範少數族群」(model minority) 的典範；在其文化形式與表現上，也可以看出不同於美國青少年的文化現象，並呈現於戲劇、舞蹈、賽車或衣著型態之上。亞裔青少年感覺自己既是美國主流社會的一部分，但同時又有疏離於美國社會的角色，並從中找到自己的特殊雙重位置。這種特殊的雙重位置，提供他們持續在傳統的移民家庭與主流社會之間對話與協商，以及在「亞洲」與「美國」文化特色中交揉混合成為新的混雜文化形式。

無論亞裔、拉丁裔、歐裔、非裔，不同來源背景的移民為美國社會共同開創了自由民主的制度、多元開放的思想與學術傳統、先進與精密的科技發展等，呈現出移民對於美國的重要貢獻。

▎加拿大

加拿大內部由於有英、法兩種民族的緊張衝突，較美國更難形成國家的集體意識；加拿大人民較認為自己的國家為不同族群所組成，不是美國式的大熔爐，而是零碎彩色玻璃的馬賽克。加上內部的魁北克省獨立運動所造成的壓力，加拿大於 1774 年通過《魁北克法案》(*Quebec Act*)，賦與魁北克省法語人口語言及宗教自由的權利，享有自治的機會。

1950 年代加拿大政府基於經濟需求，鼓勵移民的加入，直到 1990 年代，每 1 千人中，就有 8.8 人為移民，比例相當高。但早期的移民政策偏向白人，直到 1962 年修改移民法規，才終止種族歧視的色彩。

　　相較之下，加拿大的原住民族處境最為惡劣，他們人數約占加拿大人口的 3.7%，有四分之三住在印地安保留地，遠離大都市的工業化。但在都市的原住民族也面臨各種社會問題。因此 1960 年代開始展開一系列原住民族運動，要求重新審核原住民族的土地權，並進一步發展成政治權的要求，尋求自治或是獨立等。

圖 5-4　魁北克是加拿大的一個自治區，由於過去為法國殖民地，此區的官方語言為法語。

因此，加拿大可以說是最早將多元文化政策寫入政策的國家。1970 年就展開一系列有關多元文化主義的政治哲學論辯，許多重要多元文化主義論述即出自於加拿大學者之手，如泰勒 (Charles Taylor) 與金里卡 (Will Kymlica) 等。

1971 年加拿大政府就肯認自己為多元文化社會，當時主要的關注點在於英語系與法語系人口之爭，以及原住民族群權利等議題，並於同年通過多元文化政策 (multicultural policy)，主要的精神如下：

1. 肯認並推廣加拿大社會是一個多元文化社會的認知，並鼓勵所有成員去保護、提升與分享自己的文化遺產。
2. 肯認並推廣加拿大的文化傳承與認同都具有多元文化的特色，這個特色提供了許多珍貴的資源來形塑加拿大的未來。
3. 推廣所有來自不同文化的成員有同等的機會來參與加拿大社會，形塑加拿大社會的各個面向，並協助他們降低可能面對的障礙，確保每個人在法律上都有平等的待遇、公平的保護，尊重並珍惜他們的文化多樣性。
4. 鼓勵加拿大所有的社會、文化、經濟與政治機構或組織，都尊重與重視加拿大的多元文化特質。

1988 年通過的《加拿大多元文化法》(Canadian Multiculturalism Act)，提供了加拿大落實多元文化主義的法律架構，特別強調所有加拿大的種族、族群或是宗教少數團體的各種權利，得以保護與分享他們獨特的文化遺產；並在法源上提供各種公共機構，如學校、醫院、行政機制、警察與軍隊等，運用多元文化政策來降低對少數團體的障礙與限制。

2009 年提出的「多元文化計畫」(Multiculturalism Program) 強調社會的整合與凝聚，並使得加拿大所有機制都可以因應跨國性社群與移民

的需求，加拿大政府也逐漸意識其文化重要性，除了相關法案提供政策工具與法源之外，主要有幾個層面的強化：

1. 在教育部分強調多元文化主義的運用性，在社會科學的課綱中更強調文化多樣性的價值，與強化多元文化的視角與觀點。

2. 在傳播政策中規定加拿大廣播公司須反映出加拿大的多元文化本質與特點；確保僱用中的族群機會平等；關注與提供少數族群的傳播需求與近用權利。

圖 5-5　多倫多是加拿大安大略省首府，也是加拿大最大城。該城市中約有一半的人口不是在加拿大出生，是世上種族最多樣化的城市之一。圖為多倫多的中國城。

歐洲多元文化的發展

二次大戰之後，西歐國家為了解決勞動力缺乏的問題，紛紛採取寬鬆的移民政策以招募外來勞工，來自北非、南亞、中東等地的人民大規模地移往歐洲。加上前殖民地人民的移入（如加勒比海人口移往英國、印尼人口移往荷蘭），使得西歐各國社會存有不同比例的外來移民人口。

▌法國：同化色彩強烈

面對這些不同比例的外來移民，歐洲各國採取不同的政策面對。以文化同化色彩最強烈的法國而言，自 19 世紀開始，為了解決境內的社會與族群分裂，法國即推行被稱之為「共和模式」的同化政策，為了將移民與少數族群整合成為法國公民，移民與少數族群需要被主流社會（建立於語言的同質性與法國民族主義的認同）所同化。

在這個模式之下，移民與少數族群無法保有本身的語言、文化與族群認同，而必須以「好法國人」為主要身分認同；但同時，他們也可以享有與其他人相同的權利與義務，但這個同化模式在今日已經受到挑戰。

文化同化論具有高度爭議的因素在於，文化同化是否為一個強制性的力量？特別是政府角色的問題，迫使少數族群放棄獨特的文化來融入主流社會。較新的研究指出，在文化同化的過程中，政府應扮演有限的角色而非主導者。因此，歐洲學者盡量避免使用文化同化的觀點，而改使用「整合」來取代。

由於法國境內有將近 10% 的穆斯林人口，具有強烈同化傳統的文化政策往往激發法國主流社會與穆斯林移民的衝突，例如，面紗禁令就在法國纏訟多年。2010 年，法國前總統薩科齊 (Nicolas Sarközy) 任內推動禁止穿戴遮蓋全臉全身、僅露

雙眼的面紗禁令，導致有匿名的女性向人權法院提出訴訟，抗議這項禁令破壞了宗教自由。

　　不過，人權法院的法官裁決尊重法國政府以多元民族融入「生活在一起」的特定概念為「正當目的」，使法國自 2011 年以來實施的面紗禁令又多了超國家的 (supra-national) 政治力量背書。然而，儘管在法國的公眾場合穿戴全臉面紗罩袍會被罰上 150 歐元（約新臺幣 6 千多元），仍然有穆斯林婦女願意以身試法，抗議法國政府剝奪她們自由穿戴服飾的自由權利。

　　這些法國政府與穆斯林的緊張關係，使法國境內的恐怖攻擊事件難以平息。幾個嚴重的事件，例如，2015 年 1 月 7 日發生於巴黎《查理週刊》(Charlie Hebdo) 總部的恐怖攻擊案，導致 12 死 11 傷；同年 11 月 13 日與 14 日凌晨，巴黎及其北郊聖但尼發生連續恐怖攻擊事件，造成來自 26 個國家的 127 人遇難。

圖 5-6　法國基於政教分離，2004 年禁止公立學校學生在校園穿戴有宗教意涵的物品；2010 年禁止任何人在公共場所蒙面；2014 年部分市鎮禁止學校提供穆斯林非豬肉餐點；2016 年以公共安全為由，禁止在海灘穿包覆全身的布基尼 (Burkini) 泳衣。

圖 5-7　《查理週刊》遭槍擊後的首刊，封面是穆罕默德手中拿著寫有「我是查理」的紙，在他的頭上則寫著「原諒一切」。

這些事件都使得法國境內的種族與族群的互動與信任基礎受到更多挑戰。

▌英國：文化多樣性政策

英國境內也有複雜的種族關係，影響該國相關政策發展的，首先是 1954 年由歐洲理事會所通過的《歐洲文化公約》(*European Cultural Convention*)，希望破除種族優越的迷思，建立更開放、多樣與尊重的社會，認為對於多元性的強調，應為歐洲整合過程中的重要基石。1990 年代末期，英國更提出文化多樣性 (cultural diversity) 的政策。

相較多元文化主義，文化多樣性強調兩個主要的問題：首先，文化多樣性鼓勵來自於「個人」的文化差異、生活方式、想像與創意，而非「團體」或是「社群」的。如同聯合國教科文組織所提出的文件《我們創意的多樣性》(*Our Creative Diversity*)，著重文化自我定義的重要與個人聲音的價值；第二個問題則在於強調文化平等的機會。

文化多樣性到底意味著什麼？根據英國東英格蘭文化會議所指出，文化多樣性取代多元文化主義成為文化政策的中心概念在於，它並不需要將文化與性別、種族或族群來源作連結，相反地，它希望避免過去多元文化主義所導致的隔離的危險。這顯示文化多樣性抗拒以族群為基礎的文化表現；同時，它也擔憂過於強調族群式的文化將暗示著某種文化同質化的結果。

文化多樣性的內涵包括了身心障礙者文化、女性文化、青少年文化、同志文化與混雜文化。混雜文化特別強調文化總是在交融之中，無論是國族的、族群的還是各種次文化邊界中不斷互動形成的。因此，相較於多元文化主義，文化多樣性更強調混雜文化在今日文化現象的重要性，以及移民者在跨越不同國家之間歷史過程的結果。

圖 5-8　2012 年倫敦奧運會開幕式上，有一段帝國疾風號 (HMT Empire Windrush) 搭載移民抵達英國的表演，反映英國在二戰後大規模引入移民，開啟多元文化社會的歷史。

荷蘭：文化整合論

　　同化論受到很多批判後，被調整為文化整合政策，在當代逐漸又開始受到重視。以荷蘭為例，自19世紀開始，荷蘭即推展所謂柱子政策，讓社會中不同的次文化或是宗教團體擁有自己的機構與組織，以維持與保有自己文化的差異性。早期的柱子制度較多使用於宗教差異性團體，如天主教或是基督教團體；隨後相同的概念也被使用在移民團體中，讓移民可以設立半自主性的團體以維持自己的文化特色。

　　到了1970年代末與1980年代初，荷蘭政府面對日漸增加的移民壓力，遂於1983年頒布少數族群政策 (ethnic minorities policy)，適用於土耳其、摩洛哥、南歐等地的移民（但如中國的移民則不適用）。少數族群政策較類似福利政策，內容包括：(1) 政治面向：提供少數族群在政治參與上的機會；(2) 社會經濟面向：在勞工市場與失業的部分上提供更多協助；(3) 文化面向：保障少數族群的語言、文化與宗教的自由，並鼓勵與保障他們成立相關組織來推動母語教學或是文化傳承。

　　但從1990年代後，荷蘭社會開始檢討與反省少數族群政策的效果，並認為在這樣的文化政策之下，無法使跨國社群融入荷蘭當地社會。1994年荷蘭政府制定了新的整合政策 (integration policy)，希望讓跨國社群盡早融入當地社會，而修正了較有多元文化主義色彩的少數族群政策路線。1998年《新來者市民整合法案》(*Civic Integration of Newcomers Act*) 要求新移入的移民須接受一系列的荷蘭語言、社會生活等相關課程，並強力要求未達一定出席數的移民接受罰款。

　　2004年內閣提出整套新的整合制度，並指出新移民應盡早通過整合的審查與考核，如果移民者五年內無法通過考核，也會面臨巨額的

罰款。2005 年通過的《新整合法案》(*New Integration Act*)，更具體定義與強化移民者的權利與義務；但批評者指出，相關法案的重點並非協助改善移民者在荷蘭的生活，而往往是指責移民者無法達到整合的責任。

德國：新移民多元文化政策

目前德國人口約為 8 千萬，其中 1 千 5 百萬人（約占全國人口 19%）具有移民背景，當中 9 百萬人已經取得德國籍，或為移民第二

圖 5-9　荷蘭傳說每年 11 月起，聖誕老人聖尼古拉斯 (Sinterklaas) 會乘船來到荷蘭，帶著黑人隨從黑彼得，發送餅乾和糖果給小孩子們，此為黑彼得節。不過從 2013 年開始，就有許多人發起抗議，認為黑彼得的角色有種族歧視之嫌；但也有另一派民眾認為這只是傳統節慶，與歧視無關。

代，但仍有 6 百萬人為外籍人士。其中法蘭克福是移民人口最多的城市，約有 40% 人口為移民。德國的移民主要來自土耳其、波蘭、義大利、希臘與克羅埃西亞等。

德國自 1990 年代開始發展多元文化主義與社會融合的相關政策，但許多政治團體希望限制移民，多元文化主義一詞在德國往往成為政治衝突點。經過十多年的激烈衝突與辯論，近年來德國社會已經慢慢

形成共識，推動相關的政策與法案，例如，2000 年實施新《國籍法》，讓定居德國多年的外籍人士子女可以取得公民身分；2000 年也實施綠卡制度，希望吸引資訊科技人才，但效果不彰；2005 年實施新《移民法》，帶動新的多元文化政策。

新的移民與多元文化政策，主要希望幫助移民了解德國的主要文化與公共生活，並幫助本地民眾了解與接納外來的文化與習慣。因此，

圖 5-10　柏林最著名的小吃是加了蕃茄醬和咖哩粉的咖哩香腸 (currywurst)。咖哩香腸算是多元文化下的產物，二戰結束後，戰敗的德國被美、英、法、蘇占領，四國駐軍帶來不同的飲食文化。何薇爾 (Herta Heuwer) 把烤香腸加上美式食物常見的蕃茄醬和英國士兵帶來的咖哩粉，感覺味道不錯，於是開了間咖哩香腸小吃攤，由於價格不貴又美味，很快就成為平民化的美食，柏林還有間咖哩香腸博物館。

2006 年德國伊斯蘭會議成立，處理穆斯林融入社會的挑戰，希望經由長期的對話讓不同宗教背景的人共同生活。

之後並於 2007 年訂定「國家融合方案」，內容包含教育、語言、運動、媒體、就業、學術、地方融合與性別議題。2012 年「國家融合方案」發展為更新版的「國家融合行動計畫」，相關的政策包括：社會融合及語言課程（包括德語、歷史、司法制度、文化與人權等課程）；社區建構方案（在地方與社區的活動鼓勵接納多元文化主義、支持移民參與地方及公民社會）；透過運動增進社會整合（如舉辦足球比賽提高移民接觸地方社群與融合）；開設女性課程（讓移民女性得以接觸德國社會，有助於家庭與地方社會的整合）；強化移民子女的教育（經由多元文化的課程來讓第二代更融入德國社會）。

綜括歐洲地區，雖各國有不同的民族性與文化傳統，但它們重視宗教（基督教、天主教、新教、東正教）精神，發展藝術及文學，思想啟蒙與人文精神，維護環境生態，強調人權與社會正義，持續對世界產生影響。新移民的多樣文化，讓歐洲各國在多元文化政策與文化人權的保障上，更開啟了新的一頁。

結　語

經過多年且漫長的種族政策與族群關係發展，當前歐美許多國家仍面臨嚴峻的種族問題。2010 年後，美國警察執法過程中的種族矛盾與執法過當問題，導致非裔美國人與白人的矛盾不斷惡化，密蘇里州、路易斯安那州、馬里蘭州、明尼蘇達州等陸續發生非裔美人因白人警察執法過當而身亡的消息，導致大規模的抗議示威活動，演變成為局部暴亂。

其次，白人弱勢青年也出現極端種族主義情緒，透過社群媒體宣

圖5-11　2017年8月美國夏洛特維爾市發生種族衝突，李將軍 (Robert Edward Lee) 雕像拆不拆為衝突的導火線。李將軍是南北戰爭期間的南方大將，但時至今日，不少人覺得維護奴隸制度的官兵不值得緬懷，此類雕像放在公園裡是對非裔族群的不尊重，經市議會表決通過後，決定移除李將軍雕像。然而這也引來白人至上主義者的不滿，種族衝突隨之爆發。

揚恫嚇少數族裔的暴力性、歧視性與侮辱性；宣揚白人至上、鼓吹隔離主義言論時有所聞。

再者，對於穆斯林移民社群的歧視與偏見、反對移民言論甚囂塵上，甚至演變成外交政策或是總統政見，對於美國現有多元文化主義的發展有相當的負面影響。

歐洲各國面臨恐怖攻擊、難民議題等，也使得境內種族關係緊張。同時在學術界，多元文化主義的概念也受到新的挑戰，麥吉 (Derek McGhee) 在《多元文化主義的結束？——恐怖主義、種族融合與人權》(*The end of Multiculturalism? Terrorism, Integration and Human Rights*) 一書中指出，過去多元文化主義的討論主要聚焦於公民身分、認同與國家的關係，但多元文化主義也應包括人權、政治與國家安全等議題。

當代歐洲國家的多元文化主義要回應移民與跨國性社群的問題，在九一一事件後，恐怖主義、國家安全與新全球政治需要在多元文化議題中考量，可見歐洲政府在面臨整合與多元的理論與實務之間，衝突日趨激烈，而多元文化議題也在不斷擴大中。

圖 5-12　由於敘利亞長年內戰，數以萬計的難民決定逃離家園，前往歐洲國家尋求庇護。2015 年 9 月，有上千名難民從匈牙利步行 175 公里前往奧地利。

我思╳我想

1 ▶ 你認為同化政策對於族群關係有什麼正面或負面影響？

2 ▶ 美國原住民族的權利與認同有哪些改變與發展？

3 ▶ 比較歐洲不同的族群政策之後，你比較支持哪一個國家的作法？為什麼？

參考資料

- Hofmeister, W. (2013)。「跨文化對話和多元文化主義」(Intercultural Dialogue and Multiculturalism) 演講，2013 移民政策國際研討會暨全國新住民火炬計畫成果展。臺北：國立臺灣大學。

- 何曉躍 (2017)。〈美國種族主義和排外主義回潮：特徵、成因及影響〉，《當代世界與社會主義》，第 3 期。

- 張心怡 (2015)。〈解析多元文化主義在歐洲的發展與退卻——以荷蘭的移民政策為例〉，《全球化與多元文化學報》，第 3 期。

- 陳宗盈、連詠心譯，Peter Kivisto 著 (2007)。《多元文化主義與全球社會》。臺北：韋伯。

- 董小川 (2005)。〈美國多元文化主義理論再認識〉，《東北師大學報》，第 214 期。

- 謝若蘭 (2002)。《原住民／族與認同政治：美國原住民族群識別與身分認定之歷史沿革》。新莊：輔仁大學若望保祿二世和平研究中心。

- 韓家炳 (2006)。〈美國多元文化主義的緣起：以少數民族的遭遇和抗爭為中心的考察〉，《安徽師範大學學報》，第 34 卷，第 4 期。

6

單一民族國家也
有多元文化？

日本與韓國

文／李世暉

東北亞地區的國家、民族、文化概念，主要源自於 19 世紀中期。例如，當時日本一方面受到西方列強的威脅，而有國家現代化的明治維新運動，逐漸形塑了文化同質意識與民族國家。另一方面，西方國家所使用的 nation、ethnic、culture 用語，也紛紛由日本學者翻譯成漢字的國家、民族、文化。此一時期，主要是傳統慣習匯聚成單一文化的同質化階段。

然而，隨著東亞區域國際情勢的變動，以及大規模移民遷徙現象的出現，原本處於同質化發展的日本、韓國文化，逐漸出現各種新的文化元素，開始進入多元文化階段。

在不同的階段，日本、韓國的主流文化不斷地吸納外來文化，形塑了日本文化與韓國文化的現代面貌；而日本、韓國境內的各族裔文化，也鑲嵌在日本與韓國的主流文化中，發展出不同於原鄉地區的文化面貌。

多元文化在亞洲：國家、族群與文化的交錯

多元文化一詞是指不同宗教信仰、價值觀念、種族、語言等多樣文化，都應受到公平對待與平等接納。此一概念開始受到重視，主要是因為二次世界大戰結束以後，出現了大規模以及全球範圍的移民潮，並衍生出「多重認同」與「跨國移動」等新議題。

此一國際移民潮在西方國家間，最初是由相對貧窮的國家遷徙到較為富裕的國家。例如，中、南歐的居民移住至西歐地區，屬於經濟性移民。然而，東亞地區則是在二次大戰後所興起的民族國家立國浪潮下，出現大規模的政治性移民。例如，原本在中國、朝鮮半島與臺灣的日本人，被遣送回日本；而居留在日本的朝鮮人與臺灣人，則回到各自的家鄉。

1980 年代之後，在全球化浪潮

的催化下，工業國家因為經濟的快速發展而紛紛輸入了大量的外來移工。大規模的移民現象，促使西方重新思考民族國家的邊界，以及民主原則所蘊含的平等邏輯。影響所及，西方民主國家已逐漸放棄單一絕對民族主義的主張，發展出相對寬容、多元參與的公民社會。

另一方面，日本、韓國等東亞國家，僅將這些外來移民視為短期居留的工作者，從未想過如何協助其在境內的生活。特別在民族國家的概念之下，被歸類為單一民族國家的日本（大和民族）、韓國（朝鮮族），對於公民社會中的多元文化，以及移民、少數族群的公民權

圖 6-1　日本與韓國被視為單一民族國家，圖為兩國的傳統服飾，左為和服，右為韓服。兩國人民至今在重要節日時仍會穿上傳統服飾；在日本的神社、韓國的古宮裡，也常見人們穿上傳統服飾前往參拜或遊覽。

利，抱持相對保守與謹慎的態度。

具體而言，以族群良性互動為主要表現形式的多元文化，是當代歐美國家的主流價值觀，也是西方公民社會的基礎。但在東亞地區，國家與民族的邊界呈現明顯的僵固性。特別是戰後的日本、韓國，為了展現其民族國家的「邊界」特性，會以排他性來排除少數族群與移民對主流社會文化的影響。

多元族群在日本

一般人多以為，日本是由大和民族所組成的單一民族國家。事實上，在1億2,558萬的日本總人口中，外國人約占 1.5%；而屬於日本國籍者，則有99%為大和民族。換言之，日本雖然被歸類為單一民族國家，但日本國內也同時存在著少數民族。

若以類別來看，日本國內的少

圖 6-2　神道教為日本具有特色的宗教信仰，神社則是神道的信仰中心。圖為京都的八坂神社。

圖 6-3　阿伊努族人的傳統服飾與和服不同。

數民族可分為原住民族與外來移民。原住民族主要包括阿伊努族與琉球族；而外來移民則以在日朝鮮人、在日華僑與日裔巴西人為主。

阿伊努族

　　阿伊努族主要分布在北海道地區，擁有自己的語言與文化。自 13 世紀開始與大和民族展開貿易往來後，彼此之間的互動開始頻繁。1547 年，因為交易紛爭，阿伊努族首領胡奢麻尹帶領族人對抗大和民族，爆發了「胡奢麻尹之戰」。戰爭的結果，雖然由大和民族取得了北海道的控制權，但阿伊努族與大和民族之間的關係，依舊非常緊張。

　　1869 年，明治政府將北海道併入日本國，阿伊努族也被編入日本的戶籍中。然而，當時的大和民族將阿伊努族視為「土人」，而該族群的文化也被視為「陋習」。

　　到了 20 世紀，日本國內對於阿伊努族的歧視，隨著經濟發展、教育普及、族群通婚等因素而日漸消弭，但多數阿伊努族傾向隱藏自己的少數族群身分。目前，日本國內的阿伊努族人約有 20 萬人，多數集中在北海道周邊與東京都。

琉球族

　　琉球族是指生活在古代琉球王國（沖繩諸島、先島諸島和奄美群島）的住民。琉球族的語言、歷史、文化、習慣自成一格，與大和民族有所不同。日本明治政府於 1879 年

正式合併琉球王國，改置為沖繩縣。20世紀初期，為了有效統治沖繩，日本政府在沖繩推行大規模的「日本化」政策。在此一日本化的過程中，以大和民族為核心的「日本」，是一種進步、文明與現代的代名詞，而沖繩則被視為一種原始、落後的象徵。

為了消除歧視偏見，多數琉球族選擇配合日本的現代化，導致其文化、語言、服飾和生活方式的特色逐漸消失。部分的琉球族則投入琉球獨立運動，提出反對歧視、建立自治權等維護琉球族群自主的主張。

圖6-4　首里城為琉球王國的都城，在今沖繩縣那霸市東郊，2000年時被定為世界文化遺產。

圖 6-5　橫濱中華街是日本三大唐人街之一，裡面的中餐館超過兩百家，也有關帝廟和媽祖廟。

在日華僑

華人移住日本，主要始於德川幕府時期。德川幕府採取鎖國政策，但允許中國與荷蘭商人在長崎進行貿易。其中，部分中國商人也開始定居在長崎，並在幕府的管理下逐漸形成中華街。19 世紀中期之後，隨著日本的現代化進程，移住日本的華人開始增加，而其活動地域也從長崎擴及到神戶、橫濱等地。

到了 1980 年代，透過留學方式取得日本工作權與居留權的華人數量開始激增。目前，在日華僑總數約 89 萬人，其中來自臺灣者約有 10 萬人，來自中國者則約有 79 萬人。

在日朝鮮人

在日朝鮮人是指因殖民統治、勞動力與戰爭需要，由朝鮮半島移住至日本，並在戰後享有日本永久居留權的朝鮮族。在日本統治的殖

民時期，為因應日本產業的發展與戰爭的動員，大量的朝鮮族移民至日本。1945 年日本戰敗之時，日本國內約有 200 萬朝鮮族移民。之後，受到國際政治（冷戰、韓戰等）因素與國內經濟因素的影響，約有 65 萬人選擇留在日本。

其中，來自朝鮮半島北部（北韓）的朝鮮人組成「在日朝鮮人總連合會」（簡稱「總連」），而來自韓國（南韓）的朝鮮人則組成「在日本大韓民國民團」（簡稱「民團」），日本人則統稱他們為「在日朝鮮人」。

在日朝鮮人雖然也有成功的企業家（如軟體銀行的孫正義），但多數的在日朝鮮人活躍在地下金融、賭博等產業領域；再加上以「總連」為核心的在日朝鮮人，與北韓具有千絲萬縷的關係，導致部分日本人將目前總數約 50 萬的在日朝鮮人，視為日本社會的不安定因素。

▌日裔巴西人

巴西是全世界日本移民最多的國家。日本移民巴西，始於 1908 年；目前約有 160 萬日裔巴西人居住在巴西。另一方面，隨著日本經濟在 1980 年代的快速發展，為尋求更好的工作與生活，這些日裔巴西人的後代開始從巴西移居至日本。

日裔巴西人移住日本的鼎盛時期，在日本國內約有 32 萬人；但隨著日本經濟成長的低迷，目前人數降至約 17 萬人。值得注意的是，日裔巴西人後代主要的溝通語言，是葡萄牙語與「日葡混合語」。日葡混合語的特色是以傳統的日語為基礎，輔以現代葡萄牙語彙、腔調。這種聽起來像日文，但又與現代日文不同的語言，一方面成為日裔巴西人之間的識別符號，但另一方面也讓日裔巴西人受到部分日本人的歧視。

各族裔傳統文化與日本在地文化的融合、互動，發展出各族裔的特色，也讓日本社會呈現出一定程度的多樣化。另一方面，在大和民族主流文化的影響下，日本的多元族群亦存在共通的精神。首先是對自然的崇敬。對日本文化而言，凡是能給予人類「哀愁」和感動的自然，都是如「神」一般的存在。抱有這種觀念的日本人，會在生活中的所有細節上，重視人類與自然的互動。

其次是強調「物哀哲學」，主要是透過無常的景物，來表達內心深處的哀傷和幽情。最具代表性的就是櫻花。短暫盛開而凋落的櫻花，象徵著剎那間的美麗。因此，櫻花的凋謝並非終結，而是價值的超脫。在現實世界中，櫻花盛開的時節，既是一個階段的結束（如學校畢業），亦是另一個階段的開始（如升學或就業）。

圖6-6　櫻花是日本文化的標誌。日本自古代就有賞花習俗，但最初只有皇室會賞花，後來才普及到民間，賞花習俗亦流傳至今。

多元族群在韓國

韓國（大韓民國）也被視為單一民族國家。全國 5,100 萬的人口中，絕大多數為朝鮮族（韓民族）。在 1990 年代以前，韓國國內只有少數華裔、日裔韓國人。但隨著韓國經濟在 2000 年之後的快速發展，韓國的外來移民也開始快速增加。目前韓國約有 115 萬的外國移民（移工），約占全體總人口數的 2%。

其中人數最多的外來民族為中國朝鮮族，約有 38 萬人；其次為中國人，約有 18 萬人。之後依序為越南（約 12 萬人）、菲律賓（約 4 萬人）、柬埔寨（約 4 萬人）、印尼（約 4 萬人）與烏茲別克（約 3 萬人）。這些外來人口多數是從發展中國家來的婚姻移民與外籍勞工。

人數最多的中國朝鮮族，是在韓國政府制定《有關旅外同胞出入境和法律地位的法律》後，於 1999 年開始大批進入韓國。由於剛開放時，中國朝鮮族做的工作大多是韓國人不願從事的低下工作，再加上文化及生活習慣的差異，韓國人通常對他們抱持負面印象。中國朝鮮族雖通曉韓文，但由於帶有口音，很容易被辨識出來，因此韓國人通常不會把他們當成同胞，而將其視為外來移民。

▌群聚文化與多元文化家庭

隨著來韓外國人增多，一方面形成在韓外國人的群聚文化；另一方面也推動了韓國多元文化家庭的快速成長。在韓外國人的群聚文化，最具代表性的地區首推京畿道安山市元谷洞。元谷洞的居民中，韓國人只有 10%；來自中國（朝鮮族、漢族）、越南、菲律賓、印尼、烏茲別克等近 20 個國家的外國人，則占了 90%。元谷洞不僅匯集了近百家外國餐廳和外國食品店，也被韓國政府指定為「多文化村特區」。然而，由於人口組成較複雜，此區

的治安相對較差。

　　韓國多元文化家庭成員，則是從 2006 年的 23 萬人，激增至 2015 年的 88 萬人。在短短的 10 年間，增加了 3 倍之多。為了讓這些多元文化家庭成員融入韓國社會，韓國政府針對外國人的支援專案中，大多數是針對這些婚姻移民者。包括韓國法務部、女性家庭部、僱傭勞動部、行政自治部、教育部等中央政府預算，以及地方政府、民間團體的優惠措施。

　　整體而言，韓國的多元文化在全球化的趨勢下，出現快速的發展。

　　另一方面，大韓民族文化主導的主流價值，如重視儒教傳統與長幼尊卑，也逐漸成為各族裔彼此互動的規範。例如，和長者談話時要摘去墨鏡；早晨起床和飯後都要向父母問安；父母外出，子女都要等他們回家才能吃飯。

　　值得注意的是，近代韓國在國家民族主義的驅動下，強調對國族象徵符號（如國旗、國歌、韓服、韓食等）的敬重，其他族裔若對相關象徵符號表現過於輕慢，會面臨極大的社會壓力。

圖 6-7　過去中國有些人民迫於生計或躲避戰亂移居韓國，他們被稱為韓國華僑，約有 2 萬多人，大部分來自山東。圖為位於首爾明洞的華僑小學。

同一性與異質性的拉扯

過去半個世紀以來，屬於單一民族國家的日本與韓國，透過國內的族群互動，逐漸發展出獨特的多元文化特色。以日本飲食文化為例。日本的傳統飲食，主要是米飯、魚肉與蔬菜，但在與其他民族接觸後，日本開始導入國外的飲食文化，開始發展出獨特的「日式異國料理」。其中知名的包括：具日本特色的咖哩飯（咖哩烏龍麵）、義大利麵（日式拿波里義大利麵、明太子義大利麵）、中華料理（八寶菜、天津飯）、蛋包飯、日式燒肉（串燒）等。

韓國的飲食文化固然有其獨特性，如泡菜、宮廷料理等，但也同時受到中國與日本飲食文化的影響。例如，韓國除了經常看到中華料理店、日本料理店之外，韓國料理中的烏龍麵、炸醬麵等知名菜色，則是分別受到日本料理與中華料理的直接影響。

圖 6-8　洋食是以歐美料理為基底，融入日本特色的日式料理。漢堡排、蛋包飯、咖哩飯、可樂餅等都屬之。

圖 6-9　天津飯是日本常見的中華料理，但此料理對華人社會而言卻相當陌生。

圖 6-10　韓國的中華料理，以糖醋肉和炸醬麵最為著名。

進入 2000 年之後，日本與韓國的多元文化風潮，因為全球化的浪潮而出現蓬勃發展的態勢。事實上，在此一全球化的浪潮下，目前有超過 2 億的全球移民人口，因為政治、經濟與社會因素，離開自己的國家在海外工作或定居。此一大規模的、跨越國界的移動，不僅是 21 世紀國際關係上重要的議題之一，也是移民接受國內部穩定與持續發展的關鍵課題。這是因為，越來越多的移民，造成某些國家的公民與非公民之間的緊張關係。而此一緊張關係，也存在於東北亞的日本與韓國。

日本與韓國之所以接受外來的移入者，部分是因為經濟的需要（如勞工），部分則是歷史的遺留（如殖民地時期的外國居民）。隨著民

圖 6-11　梨泰院是首爾最具異國風情的地方。1950 年代韓戰結束後，美軍駐軍在此區，軍人家屬也都居住於此，逐漸發展成具有西方風情的商圈。此處每年 10 月會舉辦地球村慶典，提供民眾外國文化的體驗。

圖 6-12　神戶的「北野異人館街」有許多修建於明治和大正時期的西式建築物，充滿異國風情。在 1868 年神戶開港後，此區為外國人居留地，現在許多建築開放給民眾參觀。圖為異人館中著名的「風見雞館」，建於 1909 年，是一位德國商人的住所。

主政治、人權意識以及多元文化的發展，移民者的基本權利問題日漸受到重視。然而，移民國內對於多元文化與少數族群背後的資源配置，也產生了不同程度的抗拒。例如，日本社會呈現高度同質化，對外來文化的接受程度較低。多數日本人對於移民抱持負面的立場，主要是擔心這些來自外國的移民，會導致日本的犯罪率上升、社會不穩定，甚至透過歸化轉換為國民身分，影響日本國家的發展方向。

另一方面，外來移民對日本、韓國等單一民族國家的認同，輕微時會導致前述的社會治安問題，但嚴重時會威脅到民族國家的社會結

構、政治制度與文化傳統。各國回應此一「同一性與異質性的拉扯」議題的作法，大致可分為下列三種。第一，限制政策。包括限制人數與停留時間、提高核准入境標準等。第二，消極放任政策。放任不同文化背景的移民自成群居社區，相對隔絕於主流社會。第三，積極整合政策。以多元管道促進整合同化，讓移民融入移入國的社會和文化。目前日本與韓國在面對多元文化課題時，還是停留在第一種與第二種的方式，傾向以限制、消極的態度處理。

總的來說，日本、韓國針對移民所帶來的多元文化互動與單一族群認同的衝突課題時，其國內經常會出現多元主義／國族主義，以及公民社會／民族國家的二元思維爭辯。若從戰後日本、韓國的政治發展歷程來看，在面對多元文化的議題時，初期會傾向以人權的概念，保障移民在民主社會中的權利。在此一價值性概念的影響下，公民權益、多元認同的議題，極易成為關注的焦點。

圖 6–13　韓國路上咖啡店林立，喝咖啡的風氣十分盛行，此與韓戰後美軍進駐，以及 1988 年舉辦奧運時的西化有關。韓國咖啡店各有特色，圖為由傳統韓屋改建而成的咖啡店。

圖 6–14　韓國料理部隊鍋的由來也與韓戰美軍進駐有關。當時韓國較窮困，人們利用美軍基地內剩餘的餐肉罐頭、熱狗，加入辣椒醬、泡菜、年糕、泡麵等煮成一鍋，此即部隊鍋。

然而，當移民人口激增時，日本與韓國的經濟文化開始受到移民團體力量的影響。而日本與韓國內部的強勢主體族群（大和民族與韓民族），也會逐漸感受到移民對其政治經濟權益的威脅。此時，日本與韓國在思考多元文化議題時，國民權益、國家認同的議題，通常會凌駕於公民權益、多元認同的議題之上。

日韓多元文化的未來發展

對日本與韓國來說，未來的多元文化議題，主要的焦點還是關注：文化多樣性的普世價值觀，如何與日本、韓國的文化特殊性共存？對此，日本與韓國一方面主張以中央政府的移民、教育政策，配合地方政府的城鄉再造，在國內打造友善的多元文化世界村。另一方面，則是將多元文化的特色，融入到主流族群的文化內涵中，並藉此強化本國文化在國際社會、全球市場的競爭力。

在可預見的未來，面臨人口成長瓶頸的日本與韓國，採取開放政策引進外國勞動力，是其維持經濟成長的關鍵政策。而在開放政策的推動過程中，則要同時實施完善多元文化環境的相關配套措施。此處必須強調的是，在全球化的今日，多元文化不再只是民族國家的負債，而應該被視為提升國家競爭力的資產。因此，能否擺脫「裝飾型多元文化主義」的同一性，邁向「共生型多元文化主義」的異質性，是我們觀察與判斷日本、韓國未來國家發展最關鍵的面向。

我思╳我想

1 ▶ 日本國內的少數民族主要包括哪些？

2 ▶ 日本與韓國的多元文化，表現在飲食文化上有哪些特色？

3 ▶ 多元文化中的「同一性與異質性的拉扯」議題，主要指的是什麼？面對此一議
題，日本與韓國如何處理？

圖 6-15　日本與韓國為單一民族國家，民族文化特色明顯，但在全球化浪潮下，多元文化議題也逐漸受到重視。圖為兩國傳統建築，左為京都的八坂塔周邊，右為首爾的北村韓屋村。

7

陽光燦爛的南洋國度
東南亞多元文化

文／利亮時

東南亞隨時代變遷而有不同的名稱，早期以中國的觀點，將這些位於南方廣袤的海洋與土地，稱為「南洋」各國；近代則以其位處亞洲東南部稱為「東南亞」；又因在亞洲太平洋地區，視為「亞太」區域的一部分。

東南亞區域是臺灣的近鄰，但是我們對這個區域有多少了解？大部分的人是否仍停留在大象、住在樹上、人種是黑黑的等刻板印象呢？若21世紀的今天，我們還存有上述的想像，這代表我們仍然對東南亞地區缺乏基本的認識，大部分人們忽視這個區域的發展。

過去教科書對於此區的關注非常有限，而且往往將之視為一個整體，這是一大錯誤。東南亞並非是一個落後的區域，其不只有文化，而且在歷史長河裡，曾出現多個高層次的文化，以及擁有悠久的歷史，例如，柬埔寨的吳哥窟和印尼的婆羅浮屠遺址皆是明證。我們不妨先認識東南亞歷史與文化的發展。

東南亞歷史與文化發展

本地區人口的增加、移動與社會的發展，亦讓文化隨著發展，這包括擴展與其他文化的交流。10世

圖 7-1　吳哥窟是世界上最大的毗濕奴神殿，以建築宏偉與浮雕細緻聞名於世。

圖 7-2　婆羅浮屠是世上最古老的佛塔，也是最大的佛塔群。

紀越南北方建立起獨立的國家，除發展本身的文化外，其亦深受當時中國文化的影響。11 世紀緬甸建立了蒲甘王朝，而南傳佛教亦傳至緬甸，並成為具統治地位的宗教。緊接著，南傳佛教於 13–15 世紀期間，傳至泰國、寮國與柬埔寨三國。

除了印度佛教的南傳，伊斯蘭教也在 13 世紀迅速擴大，而 1402 年室利佛逝 (Srivijaya) 王朝的王子拜里米蘇拉 (Parameswara) 建立馬六甲 (Malacca) 王朝，並在 1414 年改信奉伊斯蘭教。該王朝的第四位國王穆扎發沙 (Muzaffar Shah) 統治時期 (1445–1459)，宣布伊斯蘭教為馬六甲王朝的國教，而國王則改稱蘇丹 (Sultan)。16 世紀伊斯蘭教傳至印尼和菲律賓南部。同一時間，西班牙入侵菲律賓，並實行殖民統治，使得天主教隨著殖民者進入該地區，逐漸成為菲律賓人民的主要信仰。

圖 7–3　菲律賓是亞洲少數的天主教國家。圖為馬尼拉的聖奧古斯丁教堂，建於 1607 年，是菲律賓現存最古老的建築，也是世界文化遺產。

不同的宗教與信仰，包括了本土與外來的影響，讓東南亞區域內的文化產生極大的差異，造就東南亞具有多元化的特色。從上述來看，東南亞並非一個統一的文明圈，從表面上來看，其可分為三個區塊，中南半島大都受南傳佛教的影響，而大部分海島國家則以信奉伊斯蘭教為主，唯一例外是菲律賓，其人民逾八成是信奉天主教。

若深入地去觀察，我們更會發現，東南亞大部分地方，都是由多元文化所組成，沒有任何一個地方只存在單一的文化。

16 世紀以來，西方殖民者先後到達東南亞區域，這些殖民者包括最早的葡萄牙、西班牙、中期的荷蘭、英國與後來的美國等，這些西方殖民者除了對東南亞各地實行殖民統治外，亦將其宗教信仰，如基督教和天主教帶入這些地方，使東南亞區域的文化更加的多元。

從上述可以看到東南亞區域深受印度文化、中國文化、西方文化與阿拉伯文化的影響；另一方面，在東南亞的社會基層，特別是農村和少數民族聚居的山區，仍存在本土文化與各具特色的少數民族文化，使得東南亞文化相當多元與複雜。

圖 7–4　泰國北部有個長頸族，該族女性從 5 歲開始在脖子上戴銅圈，銅圈數量隨年齡增長而增加。

東南亞的多元性

由於多元文化的影響，使得東南亞社會充滿各種不同文化的因子。在殖民者進入各地之後，他們積極奪取資源以供應母國所需，而引進人力成為了必要，尤其是 19 世紀中期以後。

以英國殖民的地方為例，擁有海洋文明優勢的大英帝國，在 19 世紀不斷擴張其殖民版圖。這股勢力逐步到達了東方世界，在印度建立據點並成立東印度公司，該公司的主要業務是與中國進行貿易。

從古至今，馬六甲海峽是中國與印度互通的重要航道。當時的荷蘭占有馬六甲和爪哇島，使它在控制馬六甲海峽方面占有更大的優勢。在這條航道上，英國只擁有馬六甲海峽北端的檳城，以及蘇門答臘的明古連。此兩處都不是控制馬六甲海峽的理想據點，因為檳城太偏北，而明古連則不在馬六甲海峽的航道

內。因此在馬六甲航道取得一個重要據點成為殖民政府的首要任務。

位處中國與印度之間的新加坡島成為了英方的首選，占有新加坡，不但能突破荷蘭對馬六甲海峽的控制，更重要的是可利用新加坡之便，與馬來亞 ❶、印尼和中南半島進行貿易，使新加坡成為中國和東南亞產物的集散中心，以及發展其成為一個繁盛的轉口貿易商港。上述

註解 ❶ 1957 年 8 月 31 日「馬來亞」（Malaya，馬來半島）脫離英國的統治獨立，而「馬來西亞」（馬來亞、新加坡、沙巴與砂拉越合併）在英國的協調下，於 1963 年 9 月 16 日才正式成為聯邦體制。由於族群與政治的問題，1965 年 8 月 9 日馬來西亞中央政府驅逐新加坡離開馬來西亞這個大家庭，新加坡被逼獨立建國。在二戰前，提到的馬來亞是包含新加坡的，直至二戰之後，英殖民政府將新加坡從馬來亞分割出去，成為另一個政治單位。表面上，英殖民政府擔心新加坡的存在會對馬來人的政治利益造成損害。事實上，這與 1940 年代末亞洲局勢的明顯改變有關，當時共產勢力不斷擴大，令英殖民政府相當不安。

的誘因，促使東印度公司來新加坡設立商站，而明古連副總督萊佛士(Thomas Stamford Raffles)，受委任到新加坡勘察，並與馬來統治者協商，使之成為了英國的基地。

1824 年是關鍵的一年，因為該年的 3 月 17 日英國和荷蘭達成協議，重新劃分兩個國家在東南亞的勢力範圍。英國人讓出東印度群島和明古連，而荷人則退出馬來亞。解除了後顧之憂，英殖民政府自然全力發展馬來亞。

在發展的同時，面對的是人力資源不足的問題。因為以當時新馬的人口，根本無法提供殖民政府足夠的人力資源來發展，這導致必須引進外來的人力資源。擁有龐大人口的中國與印度，自然成為殖民政府招攬的目標。南來的中國移民，主要來自中國南方的沿海省分，族群方面主要有廣東人、福建人、潮州人、客家人和海南人。另一方面，英國引入印度南部講淡米爾語

圖 7-5　馬六甲海峽位置圖。

圖 7-6　1753 年荷蘭人建的馬六甲基督教堂。

(Tamil) 的印度人進入了其殖民地。

我們可以看到英國的殖民地，有馬來亞（馬來半島）、北婆羅洲與新加坡，由於中國與印度移民的大量移入，再加上當地的族群，令上述地方的族群、語言都相當的多元。以婆羅洲的砂拉越為例，該地區族群就有達雅人 (Dayak)、華人、馬來人；而沙巴則是有卡達山—杜順 (Kadazan-Dusun)、巴瑤 (Bajau)、姆律 (Murut)、華人、馬來人。

東南亞各國都歷經西方的殖民統治，泰國除外。但泰國在國王拉瑪四世 (Rama IV) 在位期間 (1851-1868) 致力學習西方的文化與各項制度，並在泰國內部進行改革。另一方面，英法兩個大國，因為英國控有緬甸，而法國則是殖民印度支那三國（現在的越南、柬埔寨與寮國），兩個西方大國希望在兩者的殖民地間有一個緩衝地區，而泰國剛好在兩塊殖民地的中間，在諸多因素影響下使其倖免於被殖民。

近代東南亞在西方國家殖民的影響下，再加上原本的多種文化，使這個地區產生一幅極為複雜的圖像。舉例來說，菲律賓在西班牙殖民時代受天主教的影響，之後又在 19 世紀接受西方民主自由的思想，到了 20 世紀則深受美國文化的滲入。印尼方面，受荷蘭的統治，但在宗教上則深受伊斯蘭教的影響。越南人接受的是中國、法國和日本近代的思想文化，而泰國則是受到較多英國的影響。馬來西亞和新加坡受英國殖民逾百年，其教育、政治制度等方面都承襲自英國。東南亞各國通過不同的途徑接受近代思想文化的影響，使得這個區域成為一個多元文化、多宗教的聚集地。

由於文化的影響、族群的遷移，使得東南亞的語言呈現多元性，例如，馬來西亞是以馬來語為主，但是英語仍是商業上的重要用語，而社會上尚有華語、淡米爾語、達雅語等的使用。新加坡主要行政用語

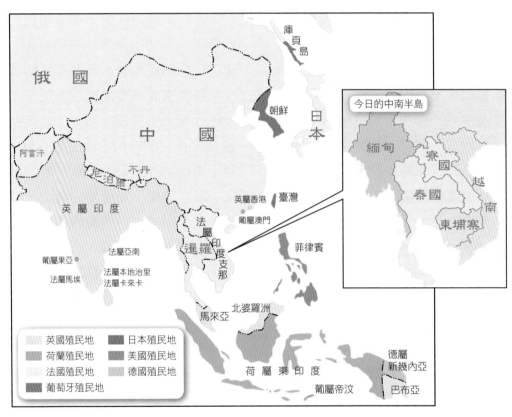

圖 7-7　20 世紀初時，亞洲多國被西方列強殖民，東南亞地區除了泰國外，皆為西方的殖民地。

是英語，而其國語是馬來語（1963年加入馬來西亞時確立的，1965年被驅逐後仍保留之），而該國把馬來語、英語、華語與淡米爾語訂為官方語文。泰國以泰語為主，但是其國內社會也是多語的使用，如英語、華語與其他少數民族的語言。印尼是東南亞區域最大的國家，該國的國語是印尼語（與馬來語有80%的相同性），由於島嶼遍布，

印尼有數百個不同民族及語言，最大的族群為爪哇族（占人口的40%）。

語言的多樣與複雜亦會產生相互的影響，例如，馬來語的 duit（錢的意思），就影響到華人方語，如閩南語、客家語、潮州語、廣府語等，當談到錢時都會發 duit 的音。在東南亞各國，不同民族語言的相互影響是相當普遍的印象，尤其是外來語的部分。

除了語言之外，民以食為天，食物是最容易滲透入各族群的。例如，近二十幾年，東南亞新移民因為婚姻與工作的關係，進入了臺灣社會，如今我們看到臺灣各城鄉都有越南餐館、印尼餐廳、泰國料理館的出現，在在顯示異國飲食文化較容易進入另一個異鄉的社會。

在東南亞食物之間，亦會因為在地環境、族群的飲食文化交融，而產生新的元素，例如，在印尼的西加里曼丹，華人炒的粿條（叛條），就融合了在地食材，再加上用當地一種植物的葉子來包粿條，增加不少在地特色。另一方面，在東南亞地區，華人的菜餚亦常見，例如，越南中式餐館裡提供的芋頭扣肉，味道上雖與臺灣有些不同，基本上相似度至少有七成。

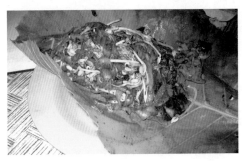

圖 7-8　印尼西加里曼丹的炒粿條。

圖 7-9　越南中式餐廳的芋頭扣肉。

文化、宗教與族群政策

東南亞除了泰國之外，其他地方都曾被西方國家殖民，而這些殖民地在二次大戰之後，透過各種形式紛紛獨立建國。在東南亞多國之中，泰國的族群政策基本上採取容的政策，族群之間相處融合，例如，華人社會迅速地在地化。然而，泰國內部並非沒有衝突，該國南部仍有宗教上的衝突 ❷。

註 ❷ 泰國南部的陶公府、北大年府和惹拉
解　　府，以信奉伊斯蘭教為主。

圖 7-10　泰國超過 90% 的人信仰佛教中的上座部佛教，與臺灣的佛教為不同派別，佛寺建築風格亦不同，圖為建於 1782 年，位於曼谷的玉佛寺。信仰佛教的泰國男性一生中至少會出家一次，而僧侶不能和女性有肢體接觸。

印　尼

　　印尼方面，首任印尼總統蘇卡諾 (Sukarno) 於 1945 年 6 月提出建國五項原則（印尼語：Pancasila），其為印尼憲法的基本精神之一。包括：信仰最高真主（必須有宗教信仰）；正義和文明的人道主義；印尼的團結統一；在代議制和協商的明智思想指導下的民主；為全體印尼人民實現社會正義。

　　建國五原則之一是公民須歸屬國家接受的一神教，由穆斯林組成的宗教部決定，條件是：一神教、經書與先知、一個以上族群信仰。最初被印尼政府批准的宗教有伊斯蘭教（大多數印尼人的宗教信仰）、基督教（殖民統治期間在蘇門答臘、婆羅洲、蘇拉威西和印尼東部許多少數族群的宗教信仰）、佛教（當時的佛教徒很少，也沒有信仰佛教的族群，但有最著名的紀念碑）和天主教（認為基督教與天主教是獨立的兩個宗教）四個宗教。而在現代主義的峇里島領導人努力簡化儀式程序、擁有神聖經典——印度史詩以及真神後，印度教成功申請為印尼第五大受承認的宗教。

圖 7-11　印尼為伊斯蘭教國家，但峇里島多數則信奉印度教。圖為峇里島著名的印度教廟宇海神廟。

另一方面，印尼土生華人常拜祭孔子，成立孔教會，並按印尼宗教部的規定，孔教的一神為上天，先知是孔子，而經書是《論語》。在各方的努力下，加上 1960 年代印尼軍方認為宗教能夠遏止共產黨的擴張，所以總統蘇卡諾在 1965 年正式承認孔教為印尼的第六大宗教。

官方承認的宗教得到國家的保護和支持，其信徒可以向非信徒傳教並改宗那些還沒有宗教信仰的群體。沒有宗教的人在印尼被認為是原始或落後的，這些人包括分布在各地狩獵採集和遷移農耕的族群。

▎馬來西亞

1957 年獨立的馬來亞，以及 1963 年婆羅洲加入後組成的馬來西亞，該國基本上與印尼相同，伊斯蘭教徒占有該國逾半數的人口。在文化或族群政策上，建國之後是採取自由開放的方式。然而，進入了 1960 年代晚期，1969 年 5 月 13 日，該國發生族群衝突的流血事件。

1969 年 10 月 8 日該國在衝突事件組成的行動理事會發表報告書，詳述「五一三悲劇」的來龍去脈及將來應對的方案。該報告書的內容是根據「馬來西亞」就是「馬來人國家」的立場，來指責非馬來人這些外來移民，如何不守本分，如何不肯向馬來政治權威及文化效忠和認同，以致引發馬來人的猜忌造成種族衝突的悲劇，最後主張把憲法中有關種族關係及馬來人特權條文（第 153 條）視為「不容挑戰與質疑的條文」，並主張以這些條文作為基礎以來恢復民主憲政。

1971 年當時的馬來西亞首相阿都拉薩 (Abdul Razak) 根據其在 1 月所發表的白皮書的內容提出了憲法修正案。教育方面根據白皮書建議增列國家最高元首在政府建議下，可以對大專院校中的某些特定科系，如理、工、醫等，保留合理的比例予馬來人的條文。

圖7-12　印度人是馬來西亞的第三大種族，印度教的重要節日大寶森節，也是馬來西亞的國定節日之一。圖為馬來西亞著名的印度教聖地黑風洞，每年大寶森節時都會湧入大量人潮。

緊接著在 1971 年 5 月，阿都拉薩宣布第二個馬來西亞五年發展計畫。計畫重點是以強制手段實行族群比例分配，以打破各族群在工、商、教育等領域的隔離狀況。政府的手直接進入工商業系統，其以信託方式管理，之後則是移交給馬來人，以此來保障馬來人的特權。五一三事件之後，華人在教育、經濟與政治方面都呈現衰退的現象。

▌新加坡

新加坡的人口組成結構，主要是華人、馬來人與印度人。在 1964 年 7 月 21 日（新加坡成為馬來西亞一州的一年又 11 個月），當天是伊斯蘭教徒的先知誕辰紀念日，這一天新加坡的馬來人都會在市鎮裡的空地集合，然後徒步前往芽籠士乃區，一路上敲打手鼓與頌讚《可蘭經》(Al-Quran)，以慶祝這個神聖的紀念日。

當天下午 5 點左右，當遊行隊伍來到加冷煤氣廠附近時，有七、八位青年離開遊行隊伍。此時一位華人警員馬上以馬來語叫他們回到隊伍裡頭，並將其中一名不聽指示的青年推回隊伍之中。這位警員的舉動觸怒了其他遊行群眾，一群約二十人的遊行者很快將該名警員包圍，並高喊要打他。這個時候，兩名警員（一位華人、一位馬來人）幫忙解圍，仍然無法平息群眾的不滿。局面逐漸失控，約五十名群眾開始攻擊該名華人警員。

遊行衝突事件引爆了馬來族群的不滿情緒。一些遊行者散播馬來人遭華人攻擊的謠言，令馬來人更為憤怒並向路過的華人、華人商店和攤位進行攻擊和破壞。當時芽籠多條街道都發生了暴亂事件，而隨著衝突事件的消息傳出後，其他地區的華人開始反擊。華人與馬來人的衝突，蔓延至新加坡本島各地，包括了奎因街、維多利亞街、橋北路和惹蘭勿剎等地。此族群流血衝

突最終以 23 人死亡，454 人受傷的悲慘結局收場。

當 1965 年 8 月 9 日，新加坡被逼建國之後，當時的總理李光耀深刻意識到為了避免副作用，新加坡不能以種族、血統、語言，甚至文化作為認同對象。為使國內的族群和諧，新加坡推動許多親善政策，首先在居住方面，由政府興建的組屋（國宅），都必須有三大族群（華人、馬來人、印度人）的配額。新加坡在建國之後就不允許社區出現單一族群居住的情形，這主要是讓各族群在同一社區生活，以增進彼此的了解。

為了讓國家具有競爭力，避免族群主義影響國家發展，新加坡政府向來強調實用、現代化、國際化等觀念。唯才是用，不以族群為考量，強調高品質人才與專業教育的重要性，因此使新加坡這個小島能夠創造無數的奇蹟，並成為東南亞的模範生。

圖 7-13　組屋是新加坡政府興建的公共住宅，大部分新加坡人都住組屋。由於組屋只有地上權 99 年，所以售價較便宜。

圖 7-14　新加坡的小印度區充滿印度風情，印度美食、香料、服飾、手工藝、生活用品等都可在此買到。

圖 7-15　新加坡的經濟發展有目共睹，是東南亞少數的已開發國家。圖為新加坡地標之一的金沙酒店（三棟塔樓建築）與藝術科學博物館（白色蓮花造型建築）。

華人在東南亞

　　本章最後談一談在東南亞區域的華人，因為華人在該區域有著頗大的影響力。中國移民大舉南下謀生，始於19世紀，這主要是當時的清朝腐敗無能，民不聊生，唯有出洋去另覓出路。殖民帝國在東南亞需要大量人力來進行開發，成為當時中國移民南下的拉力。

　　目前在東南亞的華人逾2千萬人，若將這一群人視為一個經濟體的話，其力量可能還在臺灣之上。華人落戶在東南亞已逾兩個世紀，在東南亞各地區都曾有卓越的成就，而擁有逾兩百年歷史的會館組織，則是伴隨整個華人移民史的發展。例如，檳城的嘉應會館成立於1801年，是東南亞較早成立的會館之一。

　　由於各地的殖民地政府鼓勵移民，導致了中國移民大量移入，但是早期殖民政府對華人社會都沒有直接的管理。這些來自中國的移民，

圖7-16　嘉應會館外觀。

在沒有殖民政府的直接管制下，他們面對問題時要靠誰來負責解決和協助？華人會館便是在這一基礎上建立的。

　　二戰前的華人會館都是由中國移民所創立的，當時會館的主要任務是幫助新移民在陌生的環境裡安頓下來。會館為同鄉找尋住所和工作、設立墳山等，也讓同鄉間有一個空間來聯絡感情。除此以外，對內來說，會館是同鄉發生糾紛時的協調人；從外來看，則是同鄉與殖民政府的中間人。早期的會館，成為同鄉的代言人和利益的維護者，不同籍貫（如廣東、福建）的會館

亦代表其族群的利益。

東南亞的會館組織雖來自中國，但是它的運作模式和在社會所扮演的角色，與中國的會館有明顯的差異。中國的會館只是為同鄉服務的機構，而東南亞的會館，除了具備前者功能外，還扮演維護和發揚本身文化的角色。

會館在東南亞扮演的角色並非一成不變，隨著社會的變化，它也不斷在調整。例如，在 19 世紀初，它是族群的服務中心。移民人口不斷增加後，使其重要性加強，成為維護族群文化、興辦學校的機構。

在東南亞各國獨立之前，華人都以中國作為認同的對象，而會館更涉入當時的中國事務中，例如，出錢出力支持國民黨的革命和北伐。而隨著各國邁向建國的道路，華人的認同亦有所轉變，由「落葉歸根」轉為「落地生根」，會館更積極參與當地事務。

各國獨立後，有些對華人文化採取激烈同化的手段，例如，印尼會館因此被關閉，但是 1990 年代末政策較開放後，會館又再次重新建立起來。在新加坡、馬來西亞、泰國、菲律賓、汶萊等五國，由於政治相對穩定，會館在多代人的努力下，持續為其族群發展貢獻力量。

結　語

東南亞擁有絢麗的文化，亦深受印度文化、中華文化、阿拉伯文化與西方文化的影響，使此區擁有多元文化、多元宗教交融的特色。再加上種族的多元性，讓此區更具吸引力。

過去我們可能視東南亞為一個整體，但是當我們深入觀察就會發現，東南亞各國是各具特色，就算是中南半島受南傳佛教影響的國家，也是各具文化的特殊性。當我們用開闊的心去看東南亞時，就會發現這個區域擁有許多迷人之處，並且可以是臺灣經濟向前的動能之一。

我 思 ╳ 我 想

1 ▶ 東南亞各國主要的宗教信仰為何？

2 ▶ 在多元文化與族群的國家，某一族群文化中有哪些元素是最容易被其他族群所接受的？身處多元文化的國度，我們應抱持什麼態度？

3 ▶ 馬來亞與馬來西亞有何不同？新加坡是如何獨立建國的？

圖 7-17　東南亞各國的傳統服飾示意圖。

8

南十字星下的故事
澳洲與紐西蘭

文／闕河嘉

長期以來，族群文化相關的認同和接納，是多元文化主義關注的議題之一。以什麼方式處理國內族群關係，一向是各國多元文化政策的核心。本文將介紹澳洲和紐西蘭的多元文化主義發展，其中涉及了不同多元文化主義理論和兩國國族認同與社會政策爭論的重要背景。澳洲和紐西蘭的多元文化經驗，或許能作為我國族群多元文化政策的借鏡。

多元移民與原住民族交織的多元文化社會

澳洲和紐西蘭都屬於移民社會，在外來移民大量湧入之前就已各自居住著原住民族。兩國的多元文化政策有許多相似之處，但人口的組成和發展軌跡卻很不同。從歷史發展來看，要求文化的肯認 (cultural recognition) 同為兩國多元文化主義發展的緣起。但是，澳洲的多元文化政策是因應澳洲移民人口而制定的，而紐西蘭則是源自於毛利 (Maori) 原住民族長期和白人殖民者的抗爭。由於各自原住民族與外來移民族群的立場和主張不同，兩國政府和不同的族群便協商出不同的肯認內容和多元文化政策。

早先，因為澳洲和紐西蘭同為英國屬地，兩國的族群文化政策一直都是以英裔白人為主控族群的同化政策 (assimilation)。直到二次大戰結束，才開啟了多元文化主義的討論。澳洲在 1970 年代初期開啟了多元文化政策，主要是為了解決當時認為非英裔移民族群快速擴張所帶來的「移民問題」❶。

值得注意的是，澳洲多元文化政策或論述發展的範疇一向都不包含原住民族，直至最近二十年澳洲原住民族的地位才漸漸獲得社會肯認。相對上，紐西蘭在二戰後也有大量來自太平洋島國的移民，但是多元文化政策的發展主要是為了回應原住民族毛利人的政治要求，因

此形成了自 1980 年代起以雙元文化主義 (biculturalism) 主張為基調所發展的多元文化論述。嚴格說來，1990 年代亞裔移民開始移入紐西蘭社會所引發的一連串族群之間的緊張關係，才使得紐西蘭社會開始真正面對文化多樣性議題的討論。

　　大體而言，澳洲和紐西蘭的多元文化發展，凸顯了關於多元文化近二十年來討論的兩大主軸：其一是文化肯認論點，訴求文化多樣性的社會價值 ❷，另一是個人機會平權主義 (egalitarian redistribution)。

註
解

❶ 從二次大戰後，澳洲大量引進來自歐陸國家的移工家庭人口和國際難民，主要來自義大利、希臘、荷蘭、南斯拉夫。根據澳洲移民暨國境保護部的統計資料，在 1970 年，來自於這些歐陸國家的移民人口總數將近 117 萬人。然而，澳洲社會出現了勞動市場區隔和社會隔離的現象，勞動移民人口多為勞工階級，居住群聚，且子女往往因為缺乏英文教育而導致學習成就低落。此時，也因為希臘和義大利的勞動移民人口眾多足以影響國會選舉，形成政黨的壓力，而使得勞動移工家庭的生活狀況被正視為「移民問題」。

❷ 與「認同政治」、「差異政治」和「肯認政治」密切相關，檢討社會上受歧視的文化或被邊緣化的弱勢族群，改變邊緣化某些團體的主流傳播模式。

圖8-1　澳洲（左）與紐西蘭（右）的國旗相似度高。由於皆曾被英國統治，兩國國旗上都有英國米字旗，右側的星星皆代表南十字星。澳洲國旗的白色七角星則代表澳洲的六個州與一個首都區。紐西蘭曾因為國旗不夠獨特而舉辦換國旗的公投（將米字旗的部分換為紐西蘭的精神象徵——銀蕨），但公投結果並未通過。

圖 8-2　英國航海家庫克船長 (Captain James Cook) 是最早發現南半球的紐西蘭、澳洲東岸的英國人，這也為英國殖民史開啟新頁。

圖 8-3　為紀念庫克船長，紐西蘭與大洋洲地區有些地方以庫克為名，例如圖為紐西蘭的庫克山。此外，還有紐西蘭南島與北島間的庫克海峽、南太平洋的庫克群島。

文化肯認論點的主張要求確立族群的特殊價值，因而衍生出族群保障政策；而平權主義則強調個人機會平等，反對族群文化差異，並以資源再分配的方式解決族群之間的經濟差異。就看待文化差異的態度而言，這兩種主張可說是對立的。

澳洲的多元文化政策強調所有公民的平等權利，而紐西蘭的雙元文化則是在英國對毛利人的殖民事實與雙方簽訂的《懷坦基條約》(*Treaty of Waitangi*) 的基礎上，爭取毛利人應有的權利。紐西蘭的多元文化政策論述，甚至在肯認社會中少數族群文化差異的訴求下，進一步討論移民者與原住民族身分是否在多元文化政策中具有同等地位。

下面內容將說明澳洲與紐西蘭多元文化政策的發展歷史，以及多元文化論述的特色。

澳洲的多元文化政策發展：移民社會的文化肯認與平權論點

二次大戰後，澳洲為了促進人口和經濟成長而開放大量歐陸移民，但到了 1960 年代，遽增且多樣的移民人口挑戰了原有的白澳同化政策，也迫使政府改變對多元族裔群體的治理方式，因而在 1970 年代正式有了多元文化主義政策的出現。在這樣的背景下，澳洲原住民族並不在此多元文化發展的脈絡內。

在挑戰白人優勢和解決少數族群經濟劣勢問題的前提下，平權主義主張以資源再分配解決經濟問題的觀點，顯然容易成為澳洲多元文化政策的基調。這種以對抗英裔族群主控權力為主的平權主義，基本上反映了舊左派 ❸ 的價值觀。

註 ❸ 舊左派是指 1960 年代之前的左派思想
解　或馬克思主義運動，對社會正義的作法主要聚焦在社會階級問題上，並積極籌組有利於自身團體的社團或工會。

圖 8-4　澳洲過去為英國關犯人的地方，澳洲監獄遺址現為世界文化遺產，包括 11 個於大英帝國統治時期建立的監獄。圖為位於塔斯馬尼亞州亞瑟港的監獄遺址。

然而，當時澳洲的左派認為對於少數族裔而言，以機會平等為主張的平權主義論述不會比以強調社會文化多樣性價值的保障政策來得有利。於是，澳洲多元文化政策的發展一直妥協在這兩種論述中尋求平衡。

首先，1970 至 1980 年代的福瑞澤 (Malcom Fraser) 政府，調合了族群文化差異和機會平權的論述，一方面主張非英裔族群應對社會福利享有平等的資源近用權 ❹，另一方面也提倡各族群應該由自己的族人組織為自己提供服務。

這種平權主義論述把多樣性的概念結合在固有的左派政治價值上；換言之，以各族群自我管理來解決族群經濟弱勢。於是，多元文化政策的具體實踐包括了建立移民資源中心、族群學校，社會福利措施也特別關注族群團體之間的差異。然而，這種族群認同模式的多元文化制度，忽視了社會結構中族群間的權力關係，可以說只是以族群身分差異為基礎，提供一套完整補助性質的社會福利措施。

1980 年代的澳洲主政者霍克 (Bob Hawke) 政府仍沿用前任福瑞澤政府平權主義的多元文化論述。霍克著重個人機會平等，明言「無論來自哪種文化背景，國家裡每一個人本質上應機會平等」，甚至在 1989 年的「多元文化澳洲之國家策略」明白列出文化多元主義的三個面向：文化認同、社會正義和經濟效益。

文化認同的目標在強調文化差異的權利，並且成立多元文化、多元語言特殊媒體服務（如各族群的電視臺和廣播電臺）。社會正義和經濟效益兩個面向則確保機會公平

註　❹ 資源近用權 (resources access rights) 指
解　　能夠積極地使用社會福利資源，且各
　　　族群能基於文化差異的特性，自由表
　　　達使用資源的方式。

並充分發揮全體公民的技能。就政策實務面而言，澳洲政府擔負起增進少數群體對政府及社區服務近用權利的任務，而將個人機會平等納為澳洲公民核心價值。

霍克政府與前任政府不同之處，在於開始關注澳洲原住民族，將原住民族視為澳洲文化多樣性的一部分，必須使他們享有同等的各類國家福利或社區服務。然而，在強調個人機會平等的多元文化主義下，

社會文化多樣性的位階仍框限在國家基本公民權益的原則之下。

1990 年代基廷 (Paul Keating) 政府到 2000 年代中期前的霍華 (John Howard) 政府同樣延續以經濟發展為目標的文化多樣性。這段期間，澳洲的經濟政策轉向重視亞洲市場，不但改變區域認同將澳洲重新定位為亞洲的一部分，並引入亞洲移民。澳洲社會上多元文化的討論因此顯得更為複雜。亞洲移民在澳洲社會

圖 8-5　迴力鏢是一種擲出後可以利用空氣動力學原理飛回來的打獵用具，是一些地區原住民族的狩獵工具，尤以澳洲原住民族最為著名。2000 年雪梨奧運的標誌即以迴力鏢作為設計元素，以迴力鏢組成一個舉著奧運火炬奔跑的運動員圖像。

中造成了反亞洲、反移民的社會爭論事件，竟然促使了原本立場不同，但膚色相近的英裔和歐裔白人站在同一陣線❺。

陸克文 (Kevin Rudd) 政府在2007年底取得執政權後，旋即在2008年重整澳洲多元文化諮詢委員會，以處理澳洲社會中日益增加的族群文化衝突。特別是在2009年發生的印度籍學生抗議澳洲新聞媒體報導澳洲的印度學生時具有種族歧視，以及後續族群之間的緊張關係。陸克文政府依然延續過去以來以平權主義為基調的多元文化主張，只是賦予澳洲多元文化諮詢委員會重責，以彰顯文化多樣性對澳洲的益處和對少數族群的正義。在重視經濟機會的平等下，多了反對種族主義的保護政策。

陸克文政府較受國際關注的多元文化政策是他在2008年對澳洲原住民族正式道歉。白澳政策時期曾出現所謂的「被竊的世代」(stolen generations)：原住民族兒童被偷走，重新安置在白人的家庭中成長。

在1960、1970年代時遭竊的澳洲原住民族成年後，對過去殖民主義迫害歷史的不滿情緒日益高漲，促使了陸克文的官方道歉聲明。道歉演說肯認了澳洲原住民族的特殊性，提升原住民族和其他族裔的平等關係，並承諾致力於縮小原住民族在平均壽命、教育程度及就業機會上與其他族裔的差距。陸克文重新定義了澳洲社會的族群正義以及多元文化認同要素，然而他並沒有改變多元文化政策的平等價值觀和

註
解 ❺寶琳‧韓森 (Paulin Hanson) 是位極右派、保守的政治人物，積極捍衛白人（英裔及歐裔）在澳洲社會的主控地位。她1996年首次成為國會議員，在國會上發表演說時，強烈反對亞洲移民政策，反對亞洲移民在澳洲社會中保持自己的語言和文化，主張廢除澳洲多元文化主義。此舉激發出堅定擁護其論點的少數支持者與左派發生衝突。

圖8-6 2008年2月13日,澳洲總理陸克文針對過去政府實施同化政策,對原住民族造成的痛苦與剝削,提出正式的道歉。圖為澳洲民眾觀看道歉轉播。

解決族群經濟劣勢的目標。

有學者認為澳洲的多元文化政策突破了原先以英國為根源的民族主義國族認同,而發展出「澳洲」認同或觀點。然而,多數的左派仍抨擊澳洲的多元文化政策,認為文化多樣性最多只是一種對差異的單

純慶祝。而且以補助為本質的平權主義忽視了結構性的權力差異,資源再分配的策略無法解決根本上為經濟權力關係的族群問題,反倒使文化差異成了平權政策失效的代罪羔羊。即使是強調弱勢群體權益的基廷政府,也只是把亞洲移民視為

促進澳洲經濟融入亞太地區的工具。

知名的多元文化主義學者巴里 (Brian Barry) 是機會平權論的捍衛者。他認為文化差異如同宗教差異，僅會影響個人選擇機會的意願，而個人選擇機會的權益並不會受到文化差異背景所限制。因此巴里堅信，

文化的少數群體不應和主流文化社會成員有差別待遇，要自身負起選擇生活實踐的後果。

他以身障差異為參照團體，提議社會正義確保的機會平等應該有合理的範圍，而不是一味保障特定文化差異的族群可以平等「獲得」

圖 8-7　由於曾被英國統治，澳洲墨爾本的維多利亞式建築數量，在全球僅次於英國。圖為墨爾本著名地標弗林德斯街車站 (Flinders Street railway station)，即為維多利亞式建築。

任何特定的選擇，或保障可以獲得相同的結果。此外，巴里也認為因族群團體差異而受保障，並無助於解決族群在社會政治上發展不均的狀況。

但是，自由多元主義論的學者金里卡 (Will Kymlicka) 則區分了不同族群的不同權力類型。認為雖然語言和宗教是各族群所共同爭取的文化權利，但是原住民族應當享有最大的族群差異權利 (group-differentiated rights)。原住民族應該有民族自治權，因為他們並非志願性地選擇成為社會上的弱勢團體。對比之下，移民族群被認為是志願性移民，他們選擇移民而放棄了接近原生國文化的機會。移民族群不應拒絕融合或要求移民族群之集體自決權利。金里卡認為多元文化主義中的移民者可講求「多元民族權利」(polyethnic rights)，追求以比較公平的方式融入社會中。

要兼顧每個公民的個別權利，以及保障各族裔的族群正義的確是不易的。澳洲多元文化政策的作法，是試圖以少數族裔文化差異為分類依據，提升各族群的經濟條件。先不論是否解決了族群之間的經濟落差問題，這樣的政策卻強化了族群間的分化，而無助於族群間凝聚力的產生，也就是缺乏共識的基礎。必須指出，族群關係也是攸關國族認同的重要背景。假使國內族群之間充滿了衝突，如何能建立出和諧的國族認同呢？

而與澳洲相鄰的紐西蘭，在多元文化政策和討論上，則對跨族裔的國族共識有較多著墨，這和紐西蘭原住民族毛利人長久以來對抗英裔殖民政府的歷史有關。

紐西蘭的多元文化主義：毛利人「非志願」弱勢族裔的特殊性

1840 年英國殖民政府總督霍布森 (William Hobson) 與紐西蘭原住

圖 8-8　烏魯魯 (Uluru) 舊名艾爾斯岩 (Ayers Rock)，對中澳原住民族阿南古人 (Anangu) 而言，烏魯魯是創世神話的起點，也是祖靈記憶的歷史核心，因此觀光客的攀登，被族人視為文化褻瀆。2019 年 10 月起，烏魯魯禁止攀爬。

民族毛利人簽署《懷坦基條約》，規範了雙方對紐西蘭主權和治理權的關係。條約的內容雖並列了英文和毛利語版本，但由於雙方對主權定義的認知不同，歷史上仍不斷出現族群衝突的事件。

因此，英裔白人（毛利語為Pakeha）和毛利人之間的族群關係，長久以來一直影響著不同層面的紐西蘭國家治理發展。即使現在紐西蘭已經是一個多元族群的社會，族群關係政策的焦點仍是以雙文化族群關係為主軸。

紐西蘭多元族群社會形成的開端大約發生在二次大戰之後。在此之前的移民政策是以白紐政策(White New Zealand) 來控管移民人口，而有大量的英國人移居紐西蘭，英裔人口的增加造成毛利人地位的邊緣化。

到了 1960、1970 年代，由於紐西蘭經濟發展需要大量勞工，且為了穩固紐西蘭在南太平洋區域的

政治地位，開始了太平洋島民的移民引入政策。紐西蘭也因而成為具有最多玻里尼西亞 ❻ 族裔人口的國

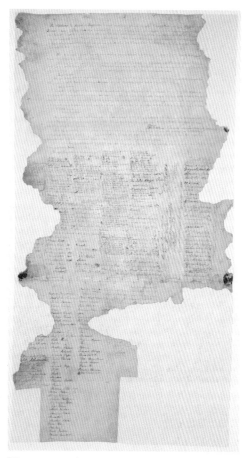

圖 8-9　1840 年 2 月 6 日英國人與毛利人所簽訂的《懷坦基條約》部分內容。2 月 6 日也被訂為「懷坦基日」，是紐西蘭的國定假日。

家，同時也開啟了對多元文化主義的討論。

此後，紐西蘭因為 1986 年頒布的新移民法帶進了亞洲新移民，國家族群人口結構再次產生巨變 ❼。和澳洲的亞洲移民所引發的社會討論一樣，亞洲移民也激發了紐西蘭社會對多元文化主義的熱烈討論。

對紐西蘭原住民族毛利人而言，多元文化主義的文化肯認觀或平權論都無法讓他們重獲紐西蘭主權。而且，英國殖民歷史讓毛利人堅定地要求恢復原有的國家主權以及民族自決權。毛利人要求任何的政策和措施都必須承認殖民歷史上毛利人所承受的臣屬事實及相關的受壓迫經驗，並修補其所遭受的文化、經濟、政治傷害。

殖民歷史迫使了原為土地主人的毛利人不得不接受紐西蘭後殖民歷史的發展，相較之下其他族群則因為屬於「志願性」移民而缺乏訴求族群自治或自決的正當性。毛利

人「非志願性」的弱勢族群歷史，使他們堅持毛利人應為國家原住民族地位，不應與其他少數族裔等同看待。

毛利人基於《懷坦基條約》的精神，主張紐西蘭應為雙文化為主的社會，由英裔白人和毛利人以夥伴關係共同治理。這樣強調原住民族主權的雙文化主義，顯然和頌揚社會文化多元性的價值觀不同。毛利人認為多元文化主義否定了其為國家原住民族的特殊地位，而其他少數族裔則認為雙文化主張排擠了自身群族權利。紐西蘭多元文化的

註 ❻ 玻里尼西亞位於太平洋中南部的紐西
解　蘭、夏威夷群島及復活節島之間，由
　　1,000 個以上的島嶼所組成。

　　❼ 現今紐西蘭的人口多元性超過了澳洲、英國、法國、德國、荷蘭等國。根據 2016 年人口調查，紐西蘭人口中，歐洲人占 67%、毛利人 15%、亞洲人 9%、太平洋島民 7%。430 萬人口的四分之一，幾乎都是海外出生，其中來自英國與愛爾蘭的移民占了 29%、亞洲 29%、太平洋島嶼 15%。

LARGE MEETING OF SETTLERS AND MAORIS AT A NATIVE VILLAGE NEAR NAPIER, HAWKE'S BAY, NEW ZEALAND.—SEE PAGE 446.

圖 8-10　描述英國殖民者與毛利人在 1863 年於紐西蘭霍克斯灣區開會情景的版畫。

觀點似乎不易在不同族裔之間達成共識。

　　毛利人要求拿回原住民族國家主權有其正當性，且《懷坦基條約》賦予了毛利族群相關的法律保障權利。在此嚴格限制下，若要在共同治理下協商出共識，多元文化主義論者可能得放棄堅持各文化族群享有平等權利的主張與保障，而只能訴求彼此之間的文化包容與尊重。

　　除了《懷坦基條約》的法律保障，毛利人也提出他們應作為國家原住民族地位的文化正當性理由。

毛利人認為，紐西蘭的其他少數族群均有其母國和母語及文化的發源地，但毛利人的語言文化只能以紐西蘭為其根據地。又因為毛利語曾經近乎流逝的事實，紐西蘭政府和毛利人花了非常大的努力復振毛利語言文化，並將毛利語列為三大官方語言之一 ❽。因此，毛利語言和文化必須在紐西蘭具有其特殊地位，否則將很難存續在英裔文化的主流

註 ❽ 紐西蘭的官方語言有英語、毛利語及
解　　手語。

圖 8-11　華卡雷瓦雷瓦 (Whakarewarewa) 是紐西蘭北島著名的地熱區，也是一個毛利村。圖為華卡雷瓦雷瓦毛利人的文化表演。

社會中。這使得紐西蘭毛利人主張的雙文化論顯得急迫。

毛利人主張的雙文化國家指的是,所有紐西蘭人能真正尊重且對毛利文化有基本認識,並能夠在毛利文化和紐西蘭主流文化環境中自在地生活。長久以來,英裔白人和毛利人的雙文化族群關係早已主導了紐西蘭的族群關係論述,且《懷坦基條約》保障毛利人「主權」的議題也擴及國家治理的不同層面。因此,雙文化論者主張所有紐西蘭公民都應當承擔保護毛利文化和語言存續的責任,理解《懷坦基條約》在紐西蘭社會的價值,並努力實踐雙文化的紐西蘭社會。

在確保毛利人為國家原住民族地位的政治氛圍下,發展多元文化的論述內容成了今日紐西蘭多元文化主義討論的目標——也就是以《懷坦基條約》為基礎的多元文化主義。

以《懷坦基條約》為基礎的多元文化主義

紐西蘭多元文化聯邦理事會是個致力於以《懷坦基條約》為基礎來發展實際紐西蘭多元文化主義內容的 NGO 組織。他們在 2015 年巡迴紐西蘭辦理一系列工作坊,以蒐集紐西蘭各界團體對以《懷坦基條約》為基礎的多元文化主義看法。

結果發現各族群普遍認同《懷坦基條約》在紐西蘭歷史的價值,也接受紐西蘭多元文化社會的意義必須尊重條約中所保障毛利人作為原住民族的角色和權利。人們普遍認為以條約為基礎的雙文化和多元文化並非對立的,表示「我們可以同時認同條約,也認同在多元文化情境中的原住民族權利」。

工作坊的調查結果報告《我們多元文化的未來》(*Our Multicultural Future*),明確表示了《懷坦基條約》是發展多元文化社會的基礎:

《懷坦基條約》是我們理解自己為一個國族的關鍵。條約提供了多元文化主義的歷史、脈絡和基礎，一直在法律與政策中發揮效力。條約所建立的關係被認為是多元文化社會必要的部分。學校以及新移民都應該肯認、認識、重視以及學習條約。

這段話顯見紐西蘭社會朝著以條約為基礎發展多元文化社會的決心。然而，調查報告也承認紐西蘭社會與這個理想的距離仍然很大。雖然紐西蘭人早已肯認毛利人在紐西蘭的原住民族地位，但大多數人

圖 8-12　毛利會堂（毛利語：marae）是族人集會的地點，在毛利文化中具有重要意義。

卻不熟悉《懷坦基條約》的歷史意涵及其中的承諾。特別是亞洲新移民幾乎不認識與條約相關的殖民歷史，不但沒有毛利人是紐西蘭國家原住民族地位意義的認知，更不了解自己和這段歷史應有的關係。

實際上紐西蘭社會中仍存在著種族歧視和族群分化的狀況，不重視如何落實毛利人特殊權利的方法，也沒有積極提供新進移民認識紐西蘭殖民歷史的教育。此外，也有聲音質疑，存在於毛利人和英裔政府之間的雙文化相關議題都還未解決，又如何以雙文化作為紐西蘭社會多元文化討論的基礎呢？

的確，《懷坦基條約》並不能保障紐西蘭雙文化政策的落實。例如，紐西蘭政府依據 1989 年《教育法》(*Education Act*)的規定，肯認《懷坦基條約》中的夥伴關係原則，復振毛利人文化並且提升毛利族裔在白人主控社會中的教育表現。

相較於其他國家，紐西蘭高等教育機構中原住民族學生和教職員所占的比率相當顯著，然而以《懷坦基條約》為依據的「名額保障制度」卻使得其他白人抗議這樣的機會平等是對於他們的「不平等待遇」，甚至引發此制度將導致紐西蘭種族分離的討論。

主要原因在於保障教育機會平等的政策法令之間存在著「競合關係」，使得《懷坦基條約》徒有形式，卻無法落實其法律的實際效用，也使得紐西蘭高等教育政策下，毛利原住民族機會平等的實踐，落入一種弔詭的矛盾局面。

假使紐西蘭多元文化真正實現的前提是，得先達成毛利人主張的雙文化社會的事實。在現在條件下，以《懷坦基條約》為基礎的多元文化社會的未來前景仍是堪慮的。但是紐西蘭多元文化聯邦理事會仍有信心將多元文化社會發展視為一個旅程，建立在紐西蘭獨特但未完成的雙文化關係上，同時考量不斷變

化的社會人口結構，樂觀地發展紐西蘭不同族群之間的正向關係。

結　語

一國的內部族群關係，往往與該國歷史文化發展脈絡關聯甚深，而如何妥善且真正「公平」地面對、處理各族群在經濟、文化、教育等方面的問題，更是現今各國嚴肅以對，但仍無法完善解決的課題。

為達成族群間的平等與正義，除了需要當權者透過政策制定，從制度面將公權力轉化為族群間權益保障的基礎，也需要在社會面向上

圖 8-13　哈卡舞 (haka) 是毛利人的舞蹈，有激勵、決鬥等意義，紐西蘭國家橄欖球隊全黑隊 (All-black) 在賽前都會跳哈卡舞。

培養國民對於族群正義的深刻認知與尊重，以將多元文化間的族群平等落實於生活中，而這些皆非一朝一夕可以完成。

在協調各族群間權力衝突，以及象徵一個國家對於國內族群認同的多元文化政策上，澳洲採取了以重視經濟機會平權為主的平權主義，但卻無法消弭族群間的權力關係差異；紐西蘭則基於歷史因素，賦予了特定族群毛利人「雙文化」地位的保障，然而這樣的保障卻無法完整落實於社會中而流於形式，同時也引發「保障」是不是另一種「不公平」的討論。

回過頭來看臺灣的多元文化政策，似乎也在平權主義和對原住民族文化的肯認之間遊走，而與澳洲和紐西蘭的多元文化政策發展相對照，臺灣目前的多元文化政策隱含了什麼樣的問題呢？是否真的能作為各族群間實踐平等與正義的基礎，相當值得深思。

我思．我想

1 ▶ 澳洲和紐西蘭的多元文化政策發展本質有何異同？

2 ▶ 從澳洲和紐西蘭發展多元文化民主的歷程來看，你覺得臺灣的原住民族歷史發展情境有何不同？

3 ▶ 請說明你對臺灣政府原住民族多元文化政策的了解。

圖片來源

- 圖 1　維基百科
- 圖 2　維基百科
- 圖 3　維基百科，Ricardo Liberato 提供
- 圖 4　shutterstock
- 圖 5　聯合報系提供
- 圖 1-1　周明怡攝
- 圖 1-2　維基百科，Bernard Gagnon 提供
- 圖 1-3　維基百科，Benson KC Fang 提供
- 圖 1-4　聯合報系提供
- 圖 1-5　維基百科，O. Dapper 提供
- 圖 1-6　聯合報系提供
- 圖 1-7　三民書局
- 圖 1-8　維基百科，Benson KC Fang 提供
- 圖 1-9　中國時報資料照片，江詩筑攝
- 圖 1-10　維基百科，Danieltw93 提供
- 圖 2-1　皆為聯合報系提供
- 圖 2-2　維基百科，Outlookxp 提供
- 圖 2-3　shutterstock
- 圖 2-4　皆為聯合報系提供
- 圖 2-5　聯合報系提供
- 圖 2-6　聯合報系提供
- 圖 2-7　depositphotos
- 圖 2-8　皆為聯合報系提供
- 圖 2-9　維基百科，Udo Schoene 提供
- 圖 2-10　維基百科，寺人孟子提供
- 圖 3-1　維基百科，File Upload Bot (Colegota) 提供
- 圖 3-2　depositphotos
- 圖 3-3　維基百科，Hieucd 提供
- 圖 3-4　聯合報系提供
- 圖 3-5　維基百科，Chen Tao-Liao 提供
- 圖 3-6　維基百科，Gunawan Kartapranata 提供
- 圖 3-7　聯合報系提供
- 圖 3-8　聯合報系提供
- 圖 3-9　聯合報系提供
- 圖 3-10　聯合報系提供
- 圖 4-1　維基百科，TRAJAN 117 提供
- 圖 4-2　維基百科

社會學概要

何文男、李天賞　編著

本書是專為一般社會青年所編寫的社會學基礎讀物，為了初學者的閱讀方便，本書盡量避免使用深奧模糊的理論和術語，力求以簡單扼要的文字來敘述，並以通則性和概括性的方式，有系統地介紹社會學的重要基本概念、現代社會的基本要素、制度型態和社會現象及其變遷，期使讀者獲得整體的社會學概念，從而對我們的社會有更深一層的理解。

社會學導論

彭懷真　編著

本書是認識社會學的基礎讀物，以簡單易懂、清晰扼要的文字，帶領讀者一步步進入社會學的知識殿堂，了解何謂社會學，以及認識文化、社會化、社會互動、社會組織、社會階層化、社會流動、社會變遷等重要的社會學議題，進而明白個人與社會的關係。本書的目標在使社會學成為淺顯易懂的生活知識，使讀者能運用社會學的觀點，來理解個人生活與社會現象。

社會學概論

蔡文輝、李紹嶸　編著

誰說社會學是一門高深、難懂的枯燥學科？本書由社會學大師蔡文輝與李紹嶸聯合編著，透過簡明生動的文字，搭配豐富有趣的例子，帶領讀者進入社會學的知識殿堂。本書特色在於：採取社會學理論最新的發展趨勢，以綜合性理論的途徑，精闢分析國外與臺灣的社會現象與社會問題；此外，每章結尾並附有選擇題和問答題供讀者複習與反思之用，是一本值得您一讀再讀的社會學入門書。

世界正在行進，
身為世界公民的你，
腳步跟上了嗎？

世界進行式

五大議題 × 專家學者

　　世界進行式叢書，從 108 課綱「議題融入」出發，打造結合「議題導向 × 核心素養」的跨科教學普及讀物。

　　取材生活中的五大議題「人權」、「多元文化」、「國際關係」、「海洋」、「環境」，邀請多位專家學者，針對每一種議題編寫 8 個高中生「不可不知」的主題。

8個你不可不知的
人權議題
李茂生　主編

本書從兒少、性別、勞動、種族、老人、障礙者、醫療、刑事司法等八個不同的領域，探討人權的意義與問題。期望透過本書，讓讀者明瞭人權不是用條文推砌而成的，而是一種人際關係間的感受，進而讓社會產生良善的效應。

8個你不可不知的
國際關係議題
王世宗　主編

國際關係屬於政治課題，而政治是人際關係的一種表現，由此可見，國際關係是人際關係的擴大。那麼「國家」要如何和另一個「國家」進行交流呢？他們怎麼交朋友？彼此看不順眼時，要怎麼打架？打架過程中又要注意些什麼？本書透過8個議題，帶你細數近代國際局勢的分與合，呈現出強權之間的縱橫捭闔，小國如何在夾縫中求生存，一同了解今日國際關係是如何形成。

8個你不可不知的
海洋議題

吳靖國　主編

所有人類，都是海的子民。海洋是生命的起點，是這個世界占地最廣大的範圍，而陸地上的我們對它的實際認識，還不到十分之一。人類對自身起源的探祕之旅才正啟航。現在，請從書桌起身，走出陸地，參與這趟旅程，透過海洋休閒、海洋社會、海洋文化、海洋科學與技術、海洋資源與永續等各種面向，伸手觸碰這片遼闊豐饒的大海。透過海洋，與世界相連吧！

8個你不可不知的
環境議題

魏國彥　主編

人類會改變環境，也會被環境改變，地球就像是一個巨大的生命體，每天都跟我們的生活相互牽繫。地震來臨時有哪些非做不可的事？臺灣缺電，發展再生能源就是解決問題的萬靈丹嗎？每年都想換一支新的智慧型手機，會為世界另一端造成多大的危機？翻開本書，你會發現環境議題比你想像中更值得關切，不可不知！

三民網路書店　會員
獨享好康大放送

通關密碼：A6990

書種最齊全
服務最迅速

憑通關密碼
登入就送100元e-coupon。
(使用方式請參閱三民網路書店之公告)

生日快樂
生日當月送購書禮金200元。
(使用方式請參閱三民網路書店之公告)

好康多多
購書享3%～6%紅利積點。
消費滿350元超商取書免運費。
電子報通知優惠及新書訊息。

超過百萬種繁、簡體書、原文書5折起　三民網路書店 www.sanmin.com.tw